FEMINISMO
LUTAS, CONQUISTAS E DESAFIOS

S387   Silveira, Érica Melicia da Silva, Pereira, Sarah Batista Santos
2024   Feminismo: Lutas, Conquistas e Desafios / Érica Melicia da Silva Silveira; Sarah
             Batista Santos Pereira.
             Seattle: Independently Published, 2024.
             133 p.; 15,24cm x 22,86cm.

         ISBN: 979-8327048-02-7

         1. Feminismo. 2. Direito. 3. Direito à Igualdade. 4. Igualdade de Gênero.
         I. Título. II. Silveira, Érica Melicia da Silva; Pereira, Sarah Batista Santos.

                                                                    CDD: 305.42 / CDU: 396

ÉRICA MELICIA DA SILVA SILVEIRA
SARAH BATISTA SANTOS PEREIRA

FEMINISMO
LUTAS, CONQUISTAS E DESAFIOS

Feminismo: Lutas, Conquistas e Desafios
2024 © Associação Guimarães de Estudos Jurídicos

Autor: Érica Melicia da Silva Silveira; Sarah Batista Santos Pereira.

Presidente	Clayton Douglas Pereira Guimarães
	Glayder Daywerth Pereira Guimarães
Vice-presidente	Érica Melícia da Silva Silveira
	Sarah Batista Santos Pereira
Diretor Adjunto	Caio César do Nascimento Barbosa

Associação Guimarães de Estudos Jurídicos

Seattle – U.S.
Email: contato.agej@hotmail.com
Website: agej.com.br
Instagram: @agej.oficial

AGRADECIMENTOS

A realização da presente obra não seria possível sem a colaboração de inúmeras pessoas. Gostaríamos de registrar nossas sinceras homenagens.

A Deus, presença constante em nossas vidas.

As nossas famílias, pela paciência e apoio fundamentais a pesquisa.

Por fim, agradecemos à Associação Guimarães de Estudos Jurídicos (AGJE) por proporcionar um espaço editorial de excelência para divulgação das ideias contidas na obra.

NOTA DE APRESENTAÇÃO

O feminismo é um movimento que luta pela igualdade social e de direitos para as mulheres, para compreendê-lo é necessário a percepção de que a sociedade ocidental hodierna é marcadamente patriarcal.

Iniciando os trabalhos, Érica Melicia da Silva Silveira e Sarah Batista Santos Pereira, no capítulo intitulado *"A Estruturação do Patriarcado"*, analisam esse sistema social que privilegia homens em detrimentos das mulheres e contrapõem a sistemas matriarcais.

O segundo capítulo da obra, intitulado *"A Eclosão dos Movimentos Feministas"*, trata de aspectos históricos que foram precursores a esses movimentos, bem como de cada uma das quatro ondas do feminismo e suas respectivas características.

O terceiro capítulo trata das correntes do feminismo, especialmente, Feminismo Liberal, Feminismo Marxista ou Socialista, Feminismo Negro, Feminismo Radical, Feminismo Interseccional, Ecofeminismo.

O quarto capítulo versa sobre princípios correlatos ao feminismo, destacando o princípio da dignidade da pessoa humana, princípio da igualdade e princípio da autodeterminação corporal.

O quinto capítulo faz uma exposição do processo educacional, a fim de evidenciar como a educação foi e ainda o é, uma ferramenta de emancipação para as mulheres.

O sexto capitulo desenvolve a temática de mulher e política, salientando a importância da participação das mulheres no processo político, que ainda é diminuta em se considerando o contingente de mulheres eleitas, de modo que é necessário se pensar em ferramentas que garantam uma efetiva participação das mulheres.

O sétimo capítulo revela a problemática da violência em relação as mulheres, destacando os tipos de violência a que são submetidas, tais como, física, psicológica, sexual, patrimonial e moral.

O oitavo capítulo, em complemento ao anterior, trata da mulher e do direito penal, e como esse ramo do direito tem servido no combate a violência contra as mulheres.

O nono capítulo trata da mulher e direitos civis, destacando como a legislação cível privava a mulher de sua autonomia, imponto limitações a direitos existenciais, e sobretudo patrimoniais. E como tem sido o processo   para alcançar esses direitos.

O décimo capítulo ocupa-se do tema mulher e família, tratando de diversos institutos e seus reflexos em relação as mulheres como casamento, união estável, divórcio, alimentos. Bem como   expõe a questão atinente ao planejamento familiar.

O décimo primeiro capítulo desenvolve o tema mulheres e relação de trabalho, ressaltando como o trabalho foi importante na conquista de direitos pelas mulheres, sobretudo em períodos pós-guerras. Além de abordar detidamente alguns direitos trabalhistas conquistados.

O décimo segundo capítulo   discute a questão da mulher e previdência, e do porquê de serem estabelecidas idades diferenças a depender do gênero.

O décimo terceiro capítulo informa sobre a significante importância da mulher no mercado do consumo, e evidenciando mais uma desigualdade a que é submetida, a pink tax.

O décimo quarto capítulo disserta sobre mulher e estética, abordando os padrões de belezas a que as mulheres são submetidas em uma sociedade eminentemente patriarcal.

SUMÁRIO

1   A ESTRUTURAÇÃO DO PATRIARCADO

Com o desígnio de se discutir o feminismo, tem de admitir como pressuposto do diálogo uma noção sobre patriarcado, uma vez que a sociedade ocidental hodierna é marcadamente patriarcal.

O termo patriarcado designa "um sistema social em que homens adultos mantêm o poder político, autoridade moral, privilégio social e controle das propriedades".[1] "Imprescindível ressaltar que a existência do patriarcado não quer dizer que as mulheres não tenham nenhum tipo de poder ou direito, porém podemos chamar as conquistas políticas nesse sistema de vitórias paradoxais".[2]

Salienta-se que o patriarcado não pode ser explicado por um aspecto estritamente biológico. Em paralelo aos humanos, cumpre observar que relações familiares entre as gerações de primatas são consistentemente organizadas pelas mães, não pelos pais. Mesmo em relação aos seres humanos, o patriarcado também não é universal, é possível identificar sociedades de linhagem matriarcal, pelo menos 160, nas Américas, África e Ásia, nas quais as pessoas são consideradas pertencentes à família da mãe, e mais nessas comunidades muitas vezes, o poder e a influência são compartilhados entre as mulheres e os homens.[3]

Apesar da constatação da existência de sociedades matriarcais, a sociedade contemporânea globalmente consolidou-se como patriarcal, isso decorreu de um processo histórico.

---

[1] COLLING, Ana Maria. Violência Contra As Mulheres – Herança Cruel Do Patriarcado. **Revista Diversidade e Educação.** v. 8, n. Especial, p. 171-194, 2020. Disponível em: https://periodicos.furg.br/divedu/article/view/10944. Acesso em: 08 jun. 2023

[2] PEREIRA, Sarah Batista Santos. Conceitos-Chave Do Feminismo: Androcentrismo, Patriarcado, Sexismo e Gênero. **Magis** – Portal Jurídico. 2021. Disponível em: https://magis.agej.com.br/conceitos-chave-do-feminismo-androcentrismo-patriarcado-sexismo-e-genero/. Acesso em: 08 jun. 2023.

[3] SAINI, Angela. Os mitos sobre a origem do patriarcado. **BBC.** 2023. Disponível em: https://www.bbc.com/portuguese/articles/c97n175v0yzo?at_ptr_name=facebook_page&at_medium=social&at_link_type=web_link&at_link_origin=BBC_News_Brasil&at_link_id=86EBA16C-0175-11EE-A52C-6ECB7E934D9D&at_campaign_type=owned&at_bbc_team=editorial&at_campaign=Social_Flow&at_format=image. Acesso em: 06 jun. 2023.

Em linhas gerais, os primeiros sinais de um tratamento distinto entre homens e mulheres não decorreram do surgimento da agricultura como comumente se aponta, até porque as mulheres sempre fizeram trabalhos agrícolas. Pode-se indicar com origem desse tratamento distintivo, a Mesopotâmia aproximadamente 5.000 (cinco mil) anos atrás, sob um contexto de necessidade de manutenção de níveis populacionais para fins de produção de recursos e defesa do Estado. Isso criou um papel social instransponível para homens e mulheres, que deviam respectivamente ir para guerra, e gerar filhos. Posteriormente a adoção dessa forma de sociedade, as mulheres desapareceram do mundo público do trabalho e da liderança e foram incumbidas do trabalho doméstico. Mas, ao confinar as pessoas a papéis restritos de gênero, o patriarcado prejudica as mulheres, e os homens.[4]

Resta claro que o sistema patriarcal, não interessa às mulheres e aos homens individualmente, mas às elites sociais. Dessa forma, há um *modus operendi* para manutenção desse sistema que perpassa pela participação da mulher diminuta da vida pública, seja pela imposição de um papel social ou pela doutrinação, como também da educação dos homens de modo a corroborar com o sistema vigente sem que tenham dimensão dos malefícios a eles também infligidos

> O sistema do patriarcado só pode funcionar sem a cooperação das mulheres. Asssegura-se essa cooperação por diversos meios: doutrinação de gênero, carência educacional, negação às mulheres do conhecimento da própria história, divisão de mulheres pela definição de "respeitabilidade" e "desvio" de acordo com suas atividades sexuais; por restrições e coerção total; por meio de discriminação no acesso a recursos econômicos e poder político e pela concessão de privilégios de classe a mulheres que obedecem[5].

---

[4] SAINI, Angela. Os mitos sobre a origem do patriarcado. **BBC.** 2023. Disponível em: https://www.bbc.com/portuguese/articles/c97n175v0yzo?at_ptr_name=facebook_page&at_medium=social&at_link_type=web_link&at_link_origin=BBC_News_Brasil&at_link_id=86EBA16C-0175-11EE-A52C-6ECB7E934D9D&at_campaign_type=owned&at_bbc_team=editorial&at_campaign=Social_Flow&at_format=image. Acesso em: 06 jun. 2023.

[5] LERNER, Gerda. **A criação do patriarcado**: História da opressão das mulheres pelos homens. São Paulo: Cultrix, 2019, p. 267.

Inclusive, no intento de manter a sistemática patriarcal, verifica-se um fenômeno da corporificação do patriarcado em forma de lei.

As Ordenações Filipinas de 1603, herança europeia ao Brasil, facultavam ao marido assinar a esposa pega em adultério, bem como o amante, salvo se esse fosse de categoria social superior à sua; o direito de castigar a mulher só fora abolido com o Código Criminal de 1930, todavia, criminalizava o ato de traição da mulher casada, enquanto somente criminalizava o ato de traição de homem quando com concubina habitual e mantida financeiramente, situação que perdura até o Código Penal de 1940 que equipara o adultério masculino e feminino, embora ainda fosse admitida a legítima defesa da honra; até que por fim o adultério foi descriminalizado em 2005, e em seguida, fora derrubada a tese de legítima defesa da honra por contrariar princípios constitucionais. Na esfera cível a situação é similar, o Código Civil de 1916, considerava o homem capaz e a mulher casada relativamente incapaz para o exercício da vida civil; bem como admitia hipótese de anulação de casamento por erro essencial em virtude de prática sexual anterior ao casamento, situação primeira que perdura até ser consideradas inconstitucionais pós Constituição de 1934. A evolução é paulatina, a lei que admite o divórcio por exemplo só fora aprovada em 1977, e somente em 2002 foi aprovado o novo Código Civil. Nesse interregno outro avanço importante foi a instituição do voto universal sem distinção de sexo, argumentada no Código Eleitoral de 1932. E talvez a mais substancial das alterações foi a promulgação da Constituição de 1988 que estabelece a igualdade formal entre homens e mulheres, e por conseguinte desencadeou diversas outras leis com enfoque em redução da desigualdade entre homens e mulheres.[6]

Depreende-se da referida corporificação do patriarcado em forma de lei, que em sentido contrário, uma alteração legal pode auxiliar no processo de emancipação da mulher, todavia, é imperioso para alcançar

---

[6] COLLING, Ana Maria. Violência Contra As Mulheres – Herança Cruel Do Patriarcado. **Revista Diversidade e Educação.** v. 8, n. Especial, p. 171-194, 2020. Disponível em: https://periodicos.furg.br/divedu/article/view/10944. Acesso em: 08 jun. 2023, p. 173.

a igualdade de gênero, uma revolução cultural norteada por uma lógica do feminismo.

(...) reformas e mudanças legais, embora melhorem a condição das mulheres e sejam a parte essencial do processo de emancipação das mulheres, não mudará essencialmente o patriarcado. Tais reformas precisam estar integradas a uma extensa revolução cultural para transformar o patriarcado e, assim, aboli-lo.[7]

Assim, debruçar-se-á sobre a eclosão dos movimentos feministas e a aptidão desses como desencadeadores de uma revolução cultural objetivando a igualdade de gênero.

---

[7] LERNER, Gerda. **A criação do patriarcado**: História da opressão das mulheres pelos homens. São Paulo: Cultrix, 2019, p. 267.

2   A ECLOSÃO DOS MOVIMENTOS FEMINISTAS

Em análise etimológica, feminismo deriva dos termos franceses "feminin (que vem da palavra femina para "mulher" em latim) e –isme (que vem do sufixo –ismus em latim, transformando o termo em um substantivo que designa prática, sistema ou doutrina)".[8]

> O primeiro registro conhecido do termo "feminismo" data de 1837, em escritos do filósofo francês Charles Fourier, que comparava a situação das mulheres à dos escravizados. À época, a palavra derivava o termo em latim femina ("mulher") e remetia a características e qualidades femininas. Mas décadas depois passou a ser associado aos movimentos por direitos das mulheres, e a acepção original caiu em desuso.[9]

Em apertada síntese, feminismo corresponde ao movimento por direito das mulheres.

Complementarmente, o feminismo pode ser compreendido como tomada de consciência das mulheres sobre a "opressão, dominação e exploração de que foram e são objeto, sendo este o movimento que as orienta em busca da liberdade de seu sexo e de todas as transformações da sociedade necessárias para alcançar tal fim".[10]

A eclosão do movimento feminista foi impulsionada por diversos fatores, incluindo a persistência das desigualdades de gênero, a mobilização em torno de questões específicas e a crescente conscientização sobre as opressões que as mulheres enfrentam diariamente.

Desde a eclosão do movimento reivindicou-se diversas pautas distintas, por esse motivo usualmente identifica-se ao menos três fases do

---

[8] LARKIN, Claire. O que significa "feminismo"?, **Babbel.** 2022. Disponível em: https://pt.babbel.com/pt/magazine/feminismo#:~:text=Suas%20origens%20est ão%20em%20dois,prática%2C%20sistema%20ou%20doutrina). Acesso em: 08 jun. 2023.

[9] MAGENTA, Matheus. O que é ser feminista? **BBC.** 2022. Disponível em: https://www.bbc.com/portuguese/geral-62551293. Acesso em: 08 jun. 2023.

[10] PEREIRA. Sarah Batista Santos. O que é feminismo?. **Magis** – Portal Jurídico. 2021. Disponível em: https://magis.agej.com.br/o-que-e-o-feminismo/#fn-3117-3. Acesso em: 08 jun. 2023.

feminismo, embora essa subdivisão em fases possa ser criticada por sugerir uma unidade reivindicatória.

2.1   Precursores

O Iluminismo movimento intelectual e filosófico centrado na razão, que defendia ideais como liberdade e progresso, ensejou grandes avanços econômicos, a Revolução Industrial, e mudanças políticas que acabaram na Revolução Francesa.

Na Primeira Revolução Industrial (1760 – 1850), as mulheres passaram a desempenhar um papel para além do doméstico, especialmente em fábricas de tecido.[11]

A Revolução Francesa (1789 – 1799) foi processo revolucionário liberal da burguesia contra a monarquia absolutista culminou no reconhecimento de que os homens eram sujeitos de direito.

Nesse contexto da Revolução Francesa, destacam-se duas mulheres que participaram intelectualmente do período: a francesa Olympe de Golges, autora do documento, "Direitos da Mulher e da Cidadã", considerado fundante do feminismo; e a britânica Mary Wollstonecraft, autora da obra "Uma Reivindicação pelos Direitos da Mulher". Todavia, mesmo as mulheres participando ativamente da Revolução Francesa, não lhes foi reconhecido o status de sujeito de direito. Assim as mulheres passaram a se organizar e reivindicar alguns direitos[12]

---

[11] FUJITA, Gabriela. Guerra destruiu figura do "homem herói" e consagrou mulher no trabalho. **UOU.** 2015. Disponível em: https://noticias.uol.com.br/internacional/ultimas-noticias/2015/05/08/guerra-destruiu-figura-do-homem-heroi-e-consagrou-mulher-no-trabalho.htm. Acesso em: 16 jun. 2023.

[12] SILVA, Joasey Pollyanna Andrade da; CARMO, Valter Moura do; RAMOS, Giovana Benedita Jaber. As Quatro Ondas Do Feminismo: Lutas E Conquistas. **Revista de Direitos Humanos em Perspectiva.** v. 7, n. 1. p 101 – 122. jan./jul. 2021. Disponível em: https://indexlaw.org/index.php/direitoshumanos/article/view/7948. Acesso em: 15 jun. 2023.

2.2   A primeira onda do feminismo

A primeira onda do feminismo ocorreu no final do século XIX e início do século XX, com o objetivo principal de conquistar o direito ao voto, sufrágio, para as mulheres[13]. Salienta-se que a luta pelo direito das mulheres, especialmente ao voto, foi confluente a luta pela abolição da escravatura, porém o movimento abolicionista ganhou maior notoriedade inicialmente.[14]

O movimento da primeira onda era majoritariamente composto por mulheres brancas, e as reivindicações compreendiam direito à educação, casamentos simétricos, e igualdade perante a lei. Tais demandas representavam problemas das mulheres de classe média e alta, lado outro existiam as proletárias, as quais demandavam por igualdade salarial, e orquestravam através do movimento operário.[15]

Em 8 de março de 1857 em Nova Iorque, as mulheres proletárias através do movimento operário manifestavam-se a favor da redução da jornada de trabalho, todavia foram violentamente reprimidas, inclusive fora ateado fogo nas dependências da fábrica enquanto lá estavam, ocasionando o óbito das referidas mulheres.[16] Em razão desse evento, futuramente, em 1975 a Organização das Nações Unidas (ONU) instituiu a data de 8 de março como Dia Internacional das Mulheres.

---

[13] MAGENTA, Matheus. O que é ser feminista? **BBC.** 2022. Disponível em: https://www.bbc.com/portuguese/geral-62551293. Acesso em: 08 jun. 2023.

[14] SILVA, Joasey Pollyanna Andrade da; CARMO, Valter Moura do; RAMOS, Giovana Benedita Jaber. As Quatro Ondas Do Feminismo: Lutas E Conquistas. **Revista de Direitos Humanos em Perspectiva.** v. 7, n. 1. p 101 – 122. jan./jul. 2021. Disponível em: https://indexlaw.org/index.php/direitoshumanos/article/view/7948. Acesso em: 15 jun. 2023.

[15] SILVA, Joasey Pollyanna Andrade da; CARMO, Valter Moura do; RAMOS, Giovana Benedita Jaber. As Quatro Ondas Do Feminismo: Lutas E Conquistas. **Revista de Direitos Humanos em Perspectiva.** v. 7, n. 1. p 101 – 122. jan./jul. 2021. Disponível em: https://indexlaw.org/index.php/direitoshumanos/article/view/7948. Acesso em: 15 jun. 2023.

[16] ALMEIDA, Liana Fernandes de. Evolução histórica dos direitos da Mulher e a Licença – Maternidade. **Revista OAB/RJ.** Disponível em: https://revistaeletronica.oabrj.org.br/?artigo=evolucao-historica-dos-direitos-da-mulher-e-a-licenca-maternidade. Acesso em: 16 jun. 2023.

A Primeira Guerra Mundial (1914 – 1919) suspendeu a luta pelo direito ao voto pelas mulheres, mas proporcionou que elas deixassem de exercer a função de mãe e esposa para assumir os postos dos homens convocados para guerra. Apesar da súbita mudança de papel social, com fim da guerra, muitas mulheres foram demitidas para dar lugar aos soldados que retornavam da guerra, além de haver um apelo para que gerassem filhos para repovoar a sociedade no pós-guerra. Mas, a experiência durante a guerra elevou o senso de identidade das mulheres, que não mais queriam estar adstritas ao papel de mães e esposas, além de reforças a luta sufragista. Então a guerra acabou por acelerar o processo pela conquista do voto pelas mulheres.[17]

Em 1920 foi garantido o direito ao voto às mulheres nos Estados Unidos, através da promulgação da 19ª Emenda. No Brasil o direito ao voto pelas mulheres foi reconhecido em 1932.[18]

A Segunda Guerra Mundial (1939 – 1945) possibilitou que mulheres assumissem postos de trabalho até então considerados masculinos, uma alteração na cadeia produtiva que já havia sido notada na guerra anterior. Inclusive durante a Segunda Guerra Mundial o alistamento militar foi permitido as mulheres.[19] Salienta-se que "não somente a guerra, mas também o desenvolvimento econômico possibilitou que se aproveitasse um grupo de indivíduos que antes era ocioso. Foi o capitalismo que enxergou uma oportunidade de crescimento nessa mão de obra".[20]

---

[17] BRAUN, Julia. Como 1ª Guerra Mundial impulsionou direitos das mulheres. **BBC**. 2022. Disponível em: https://www.bbc.com/portuguese/geral-60659505. Acesso em: 16 jun. 2023

[18] BRAUN, Julia. Como 1ª Guerra Mundial impulsionou direitos das mulheres. **BBC**. 2022. Disponível em: https://www.bbc.com/portuguese/geral-60659505. Acesso em: 16 jun. 2023

[19] FUJITA, Gabriela. Guerra destruiu figura do "homem herói" e consagrou mulher no trabalho. **UOU.** 2015. Disponível em: https://noticias.uol.com.br/internacional/ultimas-noticias/2015/05/08/guerra-destruiu-figura-do-homem-heroi-e-consagrou-mulher-no-trabalho.htm. Acesso em: 16 jun. 2023.

[20] FUJITA, Gabriela. Guerra destruiu figura do "homem herói" e consagrou mulher no trabalho. **UOU.** 2015. Disponível em: https://noticias.uol.com.br/internacional/ultimas-noticias/2015/05/08/guerra-

Em 24 de outubro de 1945, em reação a Segunda Guerra Mundial, foi criada a Organização das Nações Unidas (ONU) através da Carta da Nações Unidas, a qual tornou-se o primeiro acordo internacional a afirmar o princípio da igualdade entre mulheres e homens[21].

Nesse contexto de pós-guerra, especificamente em 1949, tem-se a publicação de uma importante obra, O Segundo Sexo, de autoria de Simone de Beauvoir, que questiona o papel secundário imposto à mulher pela sociedade.

> Em 1949, Simone de Beauvoir publica o livro "O Segundo Sexo", obra onde a escritora feminista questiona o papel da mulher na sociedade e os motivos por trás das mulheres terem sido postas em segundo plano. No livro a escritora conclui que as características associadas tradicionalmente à condição feminina decorrem mais de mitos disseminados pela cultura do que de imposições da natureza, sinalizando que a mulher sempre fora tratada como o Outro, como secundária. No livro a escritora feminista questiona o fato da mulher jamais ter sido a narradora de sua própria história.[22]

"O que hoje chamamos de primeira onda feminista foi se formando aos poucos em muitos países da Europa e das Américas, assim como da Austrália, Nova Zelândia, Rússia, Bulgária, Ucrânia, Hungria, Tchecoslováquia, etc."[23]

2.3   A segunda onda do feminismo

A segunda onda do feminismo surgiu na década de 1960[24]. Nessa fase, as feministas focaram em questões como igualdade no local de

---

destruiu-figura-do-homem-heroi-e-consagrou-mulher-no-trabalho.htm. Acesso em: 16 jun. 2023.

[21] UNESCO. História do Dia Internacional da Mulher. **Unesco.** Disponível em: https://www.unesco.org/pt/days/women. Acesso em: 16 jun. 2023.

[22] ALMEIDA, Liana Fernandes de. Evolução histórica dos direitos da Mulher e a Licença – Maternidade. **Revista OAB/RJ.** Disponível em: https://revistaeletronica.oabrj.org.br/?artigo=evolucao-historica-dos-direitos-da-mulher-e-a-licenca-maternidade. Acesso em: 16 jun. 2023.

[23] ZIRBEL, Ilze. Ondas do Feminismo. **Enciclopédia Mulheres na Filosofia.** Disponível em: https://www.blogs.unicamp.br/mulheresnafilosofia/ondas-do-feminismo/. Acesso em: 08 jun. 2023

[24] MAGENTA, Matheus. O que é ser feminista? **BBC.** 2022. Disponível em: https://www.bbc.com/portuguese/geral-62551293. Acesso em: 08 jun. 2023.

trabalho, direitos reprodutivos e igualdade no casamento. Foi um período de intensa atividade política e cultural, com o surgimento de grupos e organizações feministas em todo o mundo.

É nesse período que se começa a se utilizar o termo patriarcado, de modo a evidenciar a dicotomia social, que atribuí as mulheres e homens um papel designado.

> O conceito de patriarcado passou a ser utilizado pelos movimentos feministas, principalmente a partir da década de 60, para escancarar as relações de poder dos homens sobre as mulheres, particularmente nas relações conjugais, passando a ser utilizado como um sistema de dominação e exploração das mulheres.[25]

Além disso, as reivindicações contra a relação de poder dos homens contra as mulheres, desloca-se exclusivamente do espaço público, para espaço privado, especialmente nas relações conjugais.

> Há, portanto, nesse momento do feminismo, significativo deslocamento do lugar de onde fala o sujeito. Se, na primeira onda do feminismo, se evidenciam, em diversos lugares do mundo, movimentos de mulheres que reivindicam a participação no espaço público e a garantia de condições igualitárias no mundo do trabalho, a segunda onda relocaliza o sujeito e o situa no espaço privado, de onde estariam a emanar todas as desigualdades. O imaginário de igualdade e da superação das opressões transita, nesse processo, da rua para a casa, da fábrica para o lar. O opressor, do mesmo modo, é personalizado na figura do patriarca –aquele que, no âmbito das relações domésticas e familiares, estaria a inibir por meio da violência física e emocional, a fruição dos direitos e o avanço das conquistas das mulheres.[26]

---

[25] COLLING, Ana Maria. Violência Contra As Mulheres – Herança Cruel Do Patriarcado. **Revista Diversidade e Educação.** v. 8, n. Especial, p. 171-194, 2020. Disponível em: https://periodicos.furg.br/divedu/article/view/10944. Acesso em: 08 jun. 2023, p. 173.

[26] MARTINS, Ana Paula Antunes O Sujeito "nas ondas" do Feminismo e o lugar do corpo na contemporaneidade. **Revista Café com Sociologia**, [S. l.], v. 4, n. 1, p. 234–235, 2015. Disponível em: https://revistacafecomsociologia.com/revista/index.php/revista/article/view/443 . Acesso em: 17 jun. 2023.

À época, o movimento feminista conquista significativos avanços como: "A Organização das Nações Unidas instituiu o ano de 1975 como o Ano Internacional da Mulher e instituiu os anos de 1975 a 1985 como a Década da Mulher em todo o mundo".[27]

2.4   A terceira onda do feminismo

Pós primeira e segunda ondas, as mulheres consolidaram-se como sujeito político ao denunciarem a problemática do universalismo da categoria "humano", logo, emergiu o sujeito do feminismo, as mulheres, todavia, dentre às mulheres há pluralidade, inclusive a globalização acentua essa pluralidade, então é criticável o uso monolítico da categoria mulher, é nessa perspectiva que emerge a terceira onda do feminismo.[28]

A terceira onda do feminismo surgiu na década de 1990. Esse movimento foi caracterizado pela diversidade de vozes e perspectivas, abordando questões como identidade de gênero, sexualidade, direitos das mulheres em contextos globais e interseccionalidade. As feministas da terceira onda têm enfatizado a importância de reconhecer e combater as múltiplas formas de opressão que afetam mulheres de diferentes origens e identidades[29].

A partir da perspectiva de pluralidade, pode-se observar inclusive uma revisão no estudo da política de gênero, que supera a dualidade, homens e mulheres, e que passa a englobar pessoas que não se enquadram nesse padrão, com a finalidade de promover a efetiva igualdade entre cidadãos.

---

[27] ALMEIDA, Liana Fernandes de. Evolução histórica dos direitos da Mulher e a Licença – Maternidade. **Revista OAB/RJ**, p. 7. Disponível em: https://revistaeletronica.oabrj.org.br/?artigo=evolucao-historica-dos-direitos-da-mulher-e-a-licenca-maternidade. Acesso em: 16 jun. 2023.

[28] MARTINS, Ana Paula Antunes O Sujeito "nas ondas" do Feminismo e o lugar do corpo na contemporaneidade. **Revista Café com Sociologia**, [S. l.], v. 4, n. 1, p. 231–245, 2015. Disponível em: https://revistacafecomsociologia.com/revista/index.php/revista/article/view/443 . Acesso em: 17 jun. 2023.

[29] MAGENTA, Matheus. O que é ser feminista? **BBC.** 2022. Disponível em: https://www.bbc.com/portuguese/geral-62551293. Acesso em: 08 jun. 2023.

> Houve, portanto, uma revisão do foco no estudo das políticas inclusivas de gênero, uma vez que determinadas políticas direcionadas exclusivamente às mulheres não seriam suficientes para promover a igualdade entre os cidadãos. A perspectiva desta fase do movimento é a de que não há apenas homens e mulheres, divididos nesses dois grandes grupos por determinação biológica, mas toda uma gama de pessoas que não se encaixam nesse padrão pré-determinado e que também precisariam sair da invisibilidade, inclusive no tocante ao mercado de trabalho.[30]

Nessa perspectiva, percebe-se a coalisão de interesses de minorias, para fins de garantia de determinados direitos.

2.5   A quarta onda do feminismo

É possível identificar ainda uma quarta onda, fruto da sociedade da informação, e conseguinte massificação do debate.

> (...) Em 1993, o mundo toma conhecimento da expressão sociedade da informação, utilizada pela primeira vez em caráter oficial, pelo então presidente da Comissão Europeia, Jacques Delors, no Conselho da Europa de Copenhague, para definir o crescente uso da tecnologia da informação no intuito de reforçar a economia, melhorar a prestação dos serviços públicos e incrementar a qualidade de vida dos cidadãos.[31]

A quarta fase teria como características: a) presença digital descentralizada e horizontalizada, ou seja com menor hierarquia, o que implica em uma desinstitucionalização, ou seja, menor presença do debate através de espaços institucionais como Estado, ONGS (Organizações não Governamentais), e movimentos sociais; b)

---

[30] SIQUEIRA, Carolina Bastos de; BUSSINGUER, Elda Coelho de Azevedo. As ondas do feminismo e seu impacto no mercado de trabalho da mulher, São Paulo. **Revista Thesis Juris** – RTJ, v. 9, n. 1, p. 153, jan./jun. 2020. Disponível em: http://repositorio.fdv.br:8080/handle/fdv/894. Acesso em: 17 jun. 2023.

[31] VIEIRA, Tatiana Malta. **O direito à privacidade na sociedade da informação**: efetividade desse direito fundamental diante dos avanços da tecnologia da informação. 2007. 297 f. Dissertação (Mestrado em Direito) – Universidade de Brasília, Brasília, 2007, p. 156. Disponível em: https://bit.ly/3BMbhL3. Acesso em: 17 jun. 2023.

organização em grupos e coletivos, são formas que atendem a demanda pela digitalização e horizontalidade do movimento; c) caráter interseccional, reconhecimento de temas de interesse comum ao movimento feminista e a outras minorias; d) disputas entre vertentes: há diversas estratégias de luta política, as quais cada segmento acha mais adequada.[32]

Embora tenham sido muitas as pautas requisitadas pelo movimento feminista ao decorrer das ondas, há um objetivo geral comum a todas elas, qual seja proporcionar um empoderamento as mulheres.

> Desde os seus primeiros passos, a razão de ser do movimento feminista foi "empoderar" as mulheres (mesmo que o conceito tenha sido incorporado como vocabulário muito posteriormente). Se, por uma parte, o movimento logrou conquistas indiscutíveis que atingiram as próprias estruturas de poder no mundo ocidental, por outra, tem sido muito tímido em interpelar mulheres para agirem no mundo público e, principalmente, político.[33]

E o empoderamento perpassa também por interpelar mulheres para agirem na esfera política, pois uma representação pelas mesmas é a melhor forma de buscar a garantia de determinados direitos das mulheres, inclusive os mais urgentes concernentes a luta contra a violência contra às mulheres.

---

[32] TORRES, Carolina. Quarta onda do feminismo: entenda as características do movimento feminista no século 21. **Politize.** 2021. Disponível em: https://www.politize.com.br/quarta-onda-do-feminismo/. Acesso em: 08 jun. 2023.

[33] PINTO, Céli Regina Jardim. Feminismo, história e poder. **Revista de Sociologia e Política.** 18 (36). 2010. Disponível em: https://www.scielo.br/j/rsocp/a/GW9TMRsYgQNzxNjZNcSBf5r/?lang=pt. Acesso em: 08 jun. 2023.

3   CORRENTES DO FEMINISMO

O feminismo abarca vários grupos de mulheres, em épocas distintas, territórios distintos, sociedades distintas. É devido a essa pluralidade que é possível identificar correntes ou vertentes do feminismo, as quais enfrentam desigualdades, mas em diferentes aspectos.

3.1   Feminismo Liberal

O Liberalismo, surge entre os séculos XVII e XVIII, a partir dos ideais iluministas, como uma reação à monarquia absolutista, e tem como fundamento liberdade individual e a ausência de intervenção do Estado na economia.

"É uma das vertentes mais antigas do feminismo. Tem como objetivo a política de modificação e a busca por igualdade por meio da legislação. Essa vertente surgiu na Revolução Francesa, com Mary Wollstonecraft na luta por direitos iguais aos homens".[34]

> Essa corrente dos feminismos baseia-se nos seguintes pressupostos: a igualdade formal atribui as condições para as mulheres alcançares os seus direitos; a materialização dos direitos tem a ver com a evolução das mentalidades e muito pouco com a intervenção do Estado; cada mulher por si só, pode alcançar ascendência econômica, social e política, desde que seja assertiva, empreendedora e competente; o acesso das mulheres ao poder político constitui um fator de transformação da sociedade; a institucionalização é uma via para a afirmação dos feminismos.[35]

---

[34] BOTELHO, Julia. Vertentes do feminismo: conheça as principais ondas e correntes!. **Politize.** 2022. Disponível em: https://www.politize.com.br/feminismo/. Acesso em: 18 jun. 2023.

[35] TAVARES, Manuela; MAGALHÃES, Marias José. Correntes do Feminismo e suas reconfigurações nos tempos atuais. **Repositório Universidade de Porto.** 2014, p. 100. Disponível em: https://repositorio-aberto.up.pt/bitstream/10216/78430/2/100327.pdf. Acesso em: 18 jun. 2023.

Objetiva-se alcançar a igualdade formal, ou seja, tratar todos de forma igual perante a lei, inclusive homens e mulheres. Esse objetivo coaduna-se com o cerne do liberalismo, que enquanto uma reação a monarquia, objetiva uma menor intervenção do Estado, por conseguinte, a lei deveria garantir tão somente a igualdade formal, pois, a partir desse direito homens e mulheres poderiam alcançar ascendência econômica e política.

3.2   Feminismo Marxista ou Socialista

O pensamento marxista, surge no contexto da Revolução Industrial, e está fundamentado no reconhecimento de um sistema de exploração da classe operária pela classe burguesa.

Havia um quadro estático do marxismo ortodoxo, o movimento estava imbuído da ideologia patriarcal, a título de exemplo, em alguns momentos históricos cogitaram reivindicar um salário família, de modo que homens e mulheres continuassem a exercer os papeis sociais a eles impostos, respectivamente de mantenedores, e donas de casa; assim, as feministas marxistas buscaram romper esse quadro, e alterar a base social da sociedade para que fossem criadas condições para a emancipação das mulheres, o que perpassa por poderem participarem do sistema produtivo em igualdade de condições com os homens.[36]

3.3   Feminismo Negro

As diferenças contextuais que permeavam a vida das mulheres negras em contraposição as mulheres brancas fez com que surgisse o feminismo negro, que realça suas experiências de identidade racializadas.

Assim verifica-se uma interseccionalidade, ou seja interação entre dois fatores, as mulheres negras são ao mesmo tempo mulheres e pessoas

---

[36] TAVARES, Manuela; MAGALHÃES, Marias José. Correntes do Feminismo e suas reconfigurações nos tempos atuais. **Repositório Universidade de Porto.** 2014. Disponível em: https://repositorio-aberto.up.pt/bitstream/10216/78430/2/100327.pdf. Acesso em: 18 jun. 2023.

negras. Inclusive, "as feministas negras que trouxeram o conceito de interseccionalidade".[37]

Outra contribuição do feminismo negro foi levantar "a questão da representatividade, isto é quem fala (ou pode falar) em representação de quem".[38]

3.4 Feminismo Radical

O feminismo radical se assenta sobre a ideia de que deve ocorrer a eliminação do domínio masculino, para tanto "as mulheres devem se unir na luta contra os homens (argumento criticado e considerado por outras feministas como "guerra dos sexos"), assim como, devem rejeitar o Estado e todas as instituições formais por ser produto do homem e, portanto, de caráter patriarcal".[39]

> Embora a diversidade de idéias tenha sido uma experiência rica para o movimento feminista, mas representou, também, uma das causas do declínio do ativismo do feminismo radical. A tese das mulheres unidas em uma irmandade por uma experiência comum também foi ameaçada pela polêmica questão de classe e do lesbianismo. Em última instância, foram as dissensões internas, mas o desgaste de um movimento com estas características, que trouxe em meados dos anos setenta o abrandamento do ativismo do feminismo radical.[40]

---

[37] TAVARES, Manuela; MAGALHÃES, Marias José. Correntes do Feminismo e suas reconfigurações nos tempos atuais. **Repositório Universidade de Porto.** 2014, p. 102. Disponível em: https://repositorio-aberto.up.pt/bitstream/10216/78430/2/100327.pdf. Acesso em: 18 jun. 2023.

[38] TAVARES, Manuela; MAGALHÃES, Marias José. Correntes do Feminismo e suas reconfigurações nos tempos atuais. **Repositório Universidade de Porto.** 2014, p. 102. Disponível em: https://repositorio-aberto.up.pt/bitstream/10216/78430/2/100327.pdf. Acesso em: 18 jun. 2023.

[39] SILVA, Elizabete Rodrigues da. Feminismo Radical – Pensamento E Movimento. **Revista Travessias**, Cascavel, v. 2, n. 3, p. 1 - 15, 2010. Disponível em: https://e-revista.unioeste.br/index.php/travessias/article/view/3107. Acesso em: 28 jun. 2023.

[40] SILVA, Elizabete Rodrigues da. Feminismo Radical – Pensamento E Movimento. **Revista Travessias**, Cascavel, v. 2, n. 3, p. 12, 2010. Disponível em: https://e-revista.unioeste.br/index.php/travessias/article/view/3107. Acesso em: 28 jun. 2023.

Em linhas gerais, o feminismo radical revela a irresignação das mulheres em face de um sistema patriarcal, todavia essa vertente sugere alternativas que não são um consenso entre as correntes feministas.

3.5 Feminismo Interseccional

O feminismo é um movimento social e político composto por diversas mulheres, com suas respectivas vivências, assim há uma heterogeneidade entre as próprias mulheres, o que implica em diferentes atuações feministas. Compreender essa pluralidade é essencial para compreender a interseccionalidade, pois essas diferentes mulheres estarão expostas a opressões distintas associadas a diversos marcadores sociais.[41]

> A teórica que ficou conhecida pelo desenvolvimento da teoria interseccional foi Kimberlé Williams Crenshaw, professora estadunidense, especialista em questões de raça e gênero. Ela identificou as opressões e discriminações das mulheres, diante das identidades minoritárias através da estrutura social, observando as opressões que sentiam por conta de suas classes e sexualidades.[42]

"Esse movimento visa agenciar diversos marcadores sociais, como gênero, raça, sexualidade e classe, para conseguir identificar através da individualidade de cada mulher o problema que o feminismo irá combater."[43]

---

[41] FIGUEIREDO, Priscila Silva de; MARTINS, Valéria Soares O Feminismo Interseccional na articulação do saber acadêmico e da ação política: reflexões a partir da experiência de um coletivo feminista. **ODEERE**, *[S. l.]*, v. 5, n. 10, p. 334-344, 2020. DOI: 10.22481/odeere.v5i10.6780. Disponível em: https://periodicos2.uesb.br/index.php/odeere/article/view/6780. Acesso em: 28 jun. 2023.

[42] BOTELHO, Julia. Vertentes do feminismo: conheça as principais ondas e correntes!. **Politize.** 2022. Disponível em: https://www.politize.com.br/feminismo/. Acesso em: 18 jun. 2023.

[43] BOTELHO, Julia. Vertentes do feminismo: conheça as principais ondas e correntes!. **Politize.** 2022. Disponível em: https://www.politize.com.br/feminismo/. Acesso em: 18 jun. 2023.

Assim, permite-se que fatores *a priori* vistos como isolados, possam ser compreendidos como um cruzamento de opressões.

3.6 Ecofeminismo

O ecofeminismo é um movimento feminista que estabelece conexões entre a busca pela igualdade em termos de direitos, e em oportunidades entre os gêneros (homens e mulheres), além da proteção e preservação do meio ambiente.

> O ecofeminismo tem relação direta com a natureza e os animais, visa a luta contra a exploração do meio ambiente e a consagração das diversas formas de vida. Suas ideias tratam sobre as redundâncias entre a mulher, natureza e ciência, que normalmente traz a autoridade do homem como ser que possui um "controle natural" sobre os demais.
> Essa vertente tem como objetivo lutar contra a manutenção do modelo patriarcal através da igualdade entre homens, mulheres e o meio ambiente, evidenciando a importância de todos os seres vivos.[44]

Em breve síntese, a corrente do ecofeminismo estabelece uma intercessão entre mulher e natureza, evidenciando que ambos são afetados pela inserção em um sistema patriarcal, inclusive, fatores socioeconômicos, biológicos e climáticos afetam mais as mulheres do que os homens devido a esse sistema.

---

[44] BOTELHO, Julia. Vertentes do feminismo: conheça as principais ondas e correntes!. **Politize.** 2022. Disponível em: https://www.politize.com.br/feminismo/. Acesso em: 18 jun. 2023.

4   PRINCÍPIOS CORRELATOS AO FEMINISMO

Os princípios exercem uma função básica na ordem jurídica e têm como objetivo de melhorar e aprimorar a compreensão e a aplicação do direito nas relações jurídicas, orientando o caminho a ser seguido.

> [...] os princípios exercem uma função básica, qual seja a de serem os padrões teleológicos do sistema, com base nos quais poderá ser obtido o melhor significado das regras, como peças integrantes de uma engrenagem jurídica que é posta em ação pelas diretrizes maiores que dão movimento ao todo.[45]

Os princípios apresentam tríplice função, qual seja: a informativa, com o objetivo de inspirar o legislador em sua função típica; a normativa ou integrativa, que busca suprir as lacunas do ordenamento jurídico; e a interpretativa, sendo um guia na interpretação das normas.[46]

Em virtude a substancial relevância dos princípios no ordenamento jurídico, trazendo-lhe unidade e coerência, consistindo nas lentes por meio das quais as normas e condutas devem ser interpretadas, faz-se fundamental a realização de uma prevê exposição dos principais princípios correlatos ao tema trabalhado.

4.1   Princípio da Dignidade da Pessoa Humana

A dimensão internacional dos direitos humanos se apresenta como um fenômeno recente na história mundial, consolidando-se a partir da

---

[45] BONATTO, Cláudio; MORAES, Paulo Valério Dal Pai. **Questões Controvertidas no Código de Defesa do Consumidor:** principiologia, conceitos, contratos atuais. 5. Ed. Rev. Atual. E ampl. Porto Alegre: Livraria do Advogado, 2009 apud OLIVEIRA, Josinaldo Leal de. A funcionalidade dos princípios. 2013, p.28. Disponível em: https://josinaldoleal.jusbrasil.com.br/artigos/1219 43470/a-funcionalidade-dos-principios. Acesso em: 05 abr. 2024.

[46] GUARDIA, Augusto Bazanelli Medina. **Princípios do Direito Individual do Trabalho**. 2016. Disponível em: https://jus.com.br/ artigos/46953/principios-do-direito-individual-do- trabalho#:~:tex t=Os%20princ%C3%ADpios%20apresentam%20tr%C3%ADplic e%20fun%C3%A7%C3%A3o,para%20a% 20interpreta%C3%A7 %C3%A3o%20das%20normas. Acesso em: 01 ago. 2020.

Segunda Guerra Mundial, em decorrência as graves violações aos direitos humanos. Sintetiza Flávia Piovesan que:

> No momento em que os seres humanos se tornam supérfluos e descartáveis, no momento em que vige a lógica da destruição, em que cruelmente se abole o valor da pessoa humana, torna-se necessária a reconstrução dos direitos humanos, como paradigma ético capaz de restaurar a lógica do razoável.[47]

O princípio da dignidade da pessoa humana consiste em um conjunto de direitos considerados essenciais e indispensáveis para garantir uma vida pautada na liberdade, igualdade e dignidade.[48] O princípio não possui uma definição clara, trata-se de um conceito filosófico e abstrato, construído historicamente.

O ser humano é considerado a fonte de todos os valores que a humanidade perpetua, assim não há nada mais valioso ou importante do que proteger a dignidade do indivíduo.

> Embora o princípio da dignidade humana seja o princípio mais importante do ordenamento jurídico brasileiro, ele se trata de um conceito abstrato, sem fundamentos ou explicações únicas e pacificadas, o que faz com que o debate sobre o tema seja sempre controverso.[49]

Apesar de o termo "princípio da dignidade da pessoa humana" soar como um pleonasmo, é assim escrito para enfatiza a visualização do sujeito humano enquanto indivíduo pleno e digno. A dignidade humana consiste em um atributo inerente a condição humana, intrínseca e

---

[47] PIOVESAN, Flávia. **Direitos humanos e o direito constitucional internacional**. São Paulo: Saraiva, 2013, p.191. Disponível em: http://professor.pucgoias.edu.br/SiteDocente/admin/arquivosUpload/17973 /material/Fl%C3%A1via%20Piovesan%20DH%20 Direito%20Constitucional.pdf. Acesso em: 04 abr. 2024.

[48] PEREIRA, Sarah Batista Santos. A Violência de Gênero Como Forma de Violação aos Direitos Humanos. In: GUIMARAES, Clayton Douglas Pereira; GUIMARAES, Glayder Daywerth Pereira (Coord.). **Magis de Direito: debates jurídicos contemporâneos**. Seattle: Independently Published, 2023, p.41-58.

[49] FACHINI, Tiago. **Princípio da dignidade humana: como surgiu e importância**. ProJuris, 27/10/2023, on-line. Disponível em: https://www.projuris.com.br/blog/principio-da-dignidade-humana/. Acesso em: 04 abr. 2024.

distintiva, que protege contra o tratamento degradante, discriminação, e visa assegurar condições mínimas de sobrevivência.

Para Kant, tudo tem um preço ou uma dignidade: sendo que aquilo que tem preço é substituível e tem equivalente; de outro modo, aquilo que não tem preço e não possui equivalente possui dignidade.

> No reino dos fins tudo tem ou um preço ou uma dignidade. Quando uma coisa tem um preço, pode-se pôr em vez dela qualquer outra como equivalente; mas quando uma coisa está acima de todo o preço, e, portanto, não permite equivalente, então tem ela dignidade.[50]

Nessa linha, a dignidade da pessoa humana consiste na premissa que:

> cada indivíduo é um fim em si mesmo, com autonomia para se comportar de acordo com seu arbítrio, nunca um meio ou instrumento para a consecução de resultados, não possuindo preço. Consequentemente, o ser humano tem o direito de ser respeitado pelos demais e também deve reciprocamente respeitá-los.[51]

O princípio da dignidade da pessoa humana é fundamento essencial e basilar para a existência do Estado Democrático de Direito, não por coincidência está previsto explicitamente na Constituição Federal de 1988:

> Art. 1º A República Federativa do Brasil, formada pela união indissolúvel dos Estados e Municípios e do Distrito Federal, constitui-se em Estado Democrático de Direito e tem como fundamentos:
> I – soberania
> II – cidadania

---

[50] KANT, Immanuel. **Fundamentação da metafísica dos costumes**. Edições 70, setembro de 2007, p.77. Disponível em: https://edisciplinas.usp.br/pluginfile.php/7828872/mod_resource/content/1/Fun damenta %C3%A7%C3%A3o%20da%20Metaf%C3%ADsica%20dos%20Costumes%2 0-%20Immanuel%20K ant.pdf. Acesso em: 04 abr. 2024.
[51] RAMOS, André de Carvalho. **Curso de direitos humanos**. São Paulo: Saraiva Educação, 2018, p. 84.

> **III - a dignidade da pessoa humana**
> IV- os valores sociais do trabalho e da livre iniciativa
> V- o pluralismo político (Grifo nosso)[52]

Em todos os sentidos a dignidade da pessoa humana deve ser a base do governo Estatal, trata-se do princípio que convalida a própria existência do Estado Democrático de Direito, sendo o bem-estar do ser humano a meta a ser atingida pelo Estado.[53]

Segundo Paulo Bonavides "nenhum princípio é mais valioso para compendiar a unidade material da Constituição que o princípio da dignidade da pessoa humana"[54]. Identifica-se que o Princípio da Dignidade da Pessoa Humana é um "preceito unificador de todos os direitos, e ao qual todos os direitos humanos se reportam, em maior ou menor grau."[55]

Tratando-se de um princípio que por definição é o mandamento nuclear de todo o sistema normativo, violar um princípio é muito mais grave do que violar uma norma, vez que a violação de um princípio implica na violação não apenas de um mandamento obrigatório específico, mas de todo o sistema.

> Certamente o princípio da dignidade da pessoa humana é o princípio moral e jurídico primal para definir os direitos fundamentais, afinal, é deste princípio que se desdobram todos os outros direitos fundamentais sendo este essencial para a

---

[52] BRASIL. **Constituição Federal.** 1988. Disponível em: https://www.planalto.gov.br/ccivil_03/cons tituicao/constituicao.htm. Acesso em: 05 abr. 2024.

[53] CAMARGO, Karina Arce de Almeida Camargo. **Dignidade da Pessoa Humana na Constituição Federal de 1988**. Jusbrasil, 2016. Disponível em: https://www.jusbrasil.com.br/artigos/dignidade-da-pessoa-humana-na-constituicao-federal-de-1988/315805239. Acesso em: 04 abr. 2024.

[54] BONAVIDES, Paulo. **Teoria Constitucional da Democracia Participativa**. São Paulo: Malheiros, 2001, p.233.

[55] PEREIRA, Sarah Batista Santos. **Assédio Sexual no Ambiente de Trabalho**: Uma análise à luz dos direitos das mulheres. Seattle: Independently Published. 2022, p. 14.

subsistência do homem, pois ela faz serem possíveis diversas dimensões de direitos.[56]

No âmbito do direito penal, embora o Código de Processo Penal não tenha expresso o princípio da dignidade da pessoa humana, prevê que em seu art. 3° que "lei processual penal admitirá interpretação extensiva e aplicação analógica, bem como o suplemento dos princípios gerais de direito."[57]. Portanto, ainda que o diploma legal seja anterior a nova Constituição, seus fundamentos e princípios são válidos e aplicáveis.

Frequentemente na doutrina quatro funções típicas do princípio da dignidade da pessoa humana podem ser identificadas:

> 1ª Função: orientar a criação jurisprudencial de novos direitos, também conhecido como a "eficácia positiva do princípio da dignidade humana".
> 2ª Função: orientar a interpretação de um direito.
> 3ª Função: limitar as ações do Estado, também conhecida como a "eficácia negativa do princípio da dignidade humana".
> 4ª Função: orientar a interpretação da prevalência de um direito sobre o outro.[58]

O princípio da dignidade da pessoa humana é a base do direito dos países democráticos, sendo o preceito unificador de todos os direitos, e ao qual todos os direitos humanos se reportam, em maior ou menor grau. Isso significa dizer que se trata de um direito a ser resguardado de forma predominante sobre todos os outros direitos, fundamentais ou não.

O valor da dignidade da pessoa humana "impõe-se como núcleo básico e informador de todo o ordenamento jurídico, como critério e parâmetro de valoração a orientar a interpretação e compreensão do

---

[56] LEÃO, Yasmin Dias. **A dignidade da pessoa humana em face da violência contra a mulher**. Jusbrasil, 2022. Disponível em: https://www.jusbrasil.com.br/artigos/a-dignidade-da-pessoa-humana-em-face-da-violencia-contra-a-mulher/1346146153. Acesso em: 04 abr. 2024.

[57] BRASIL. **Decreto-Lei n° 3.689, de 3 de outubro de 1941**. Código de Processo Penal. Disponível em: https://www.planalto.gov.br/ccivil_03/decreto-lei/del3689.htm. Acesso em: 04 abr. 2024.

[58] JUSBRASIL. **Princípio da Dignidade da Pessoa Humana**. Jusbrasil, 2021, on-line. Disponível em: https://www.jusbrasil.com.br/artigos/principio-da-dignidade-da-pessoa-humana/1150190277. Acesso em: 04 abr. 2024.

sistema constitucional."[59] Nesse panorama é possível afirmar que estamos diante do centro gravitacional de todo o ordenamento jurídico brasileiro, que tem como principal objetivo a garantia de uma vida digna.

4.2   Princípio da Igualdade

Desde que se instaurou um modelo democrático de sociedade, cidadãos e legisladores se preocupavam sobre a necessidade de que todos fossem tratados de forma igual pela lei. Embora na democracia grega se estabelecesse que todos os cidadãos responderam igualmente pelos seus atos, a definição de "cidadão" era excludente, vez que não eram considerados cidadãos os menores de idade, mulheres e população escrava.[60]

Apenas com o advento da Revolução Francesa, no final do século XVIII, houve mobilização para que ocorresse a redação de uma legislação realmente isonômica, que contemplasse todos os cidadãos igualmente. Entretanto, os primeiros passos para que a sociedade realmente caminhasse rumo a igualdade entre os cidadãos foi a implementação do Estado de Bem-Estar Social (*Welfare State*) em diversos países do mundo durante o período da Segunda Guerra Mundial e o fim da Guerra Fria.[61] No Estado de Bem-Estar Social o governo é protagonista na manutenção e promoção do bem-estar político e social do país e de seus cidadãos.

---

[59]   PIOVESAN, Flávia. **Direitos humanos e o direito constitucional internacional**. 14. d. São Paulo: Saraiva, 2013, p. 87. Disponível em: http://professor.pucgoias.edu.br/SiteDocenteadmin/arquivosUpload/17973/material/Fl%C3%A1via%20Piovesan%20DH%20Direito%20Constitucional.pdf. Acesso em: 01 jul. 2020.

[60] FACHINI, Tiago. **Isonomia: o que é, importância e quais são seus limites**. ProJuris, 20/06/2023. Disponível em: https://www.projuris.com.br/blog/principio-da-dignidade-humana/. Acesso em: 05 abr. 2024.

[61] FACHINI, Tiago. **Isonomia: o que é, importância e quais são seus limites**. ProJuris, 20/06/2023. Disponível em: https://www.projuris.com.br/blog/principio-da-dignidade-humana/. Acesso em: 05 abr. 2024.

> O bem-estar social é um estado final no qual as necessidades humanas básicas estão satisfeitas e as pessoas são capazes de coexistir pacificamente em comunidades com oportunidades de progresso. Este estado final é caracterizado pela igualdade de acesso e oferta de serviços de necessidade básica (água, alimento, abrigo e serviços de saúde), a provisão de educação primária e secundária, o retorno ou restabelecimento daquelas pessoas deslocadas por conflito violento, e a restauração do tecido social e da vida comunitária.[62]

O direito à igualdade é considerado o alicerce da democracia e encontra-se intimamente ligado ao da dignidade da pessoa humana.

> A dignidade pressupõe, portanto, a igualdade entre os seres humanos. Este é um de seus pilares. É da ética que se extrai o princípio de que os homens devem ter os seus interesses igualmente considerados, independentemente de raça, gênero, capacidade ou outras características individuais.[63]

O princípio da igualdade busca garantir o tratamento igualitário entre os cidadãos, vetando aos legisladores a criação e edição de normas que a violem, limitando também o indivíduo a agir ou apresentar condutas que violem a igualdade. [64] "O Princípio da Igualdade limita a criação de leis que afrontem a dignidade humana, que destinem tratamento abusivo ou arbitrário, sem uma relação de proporcionalidade entre meios, efeitos das medidas consideradas e finalidade perseguida."[65]

---

[62] INEE. **Bem-estar social.** Rede Interinstitucional para Educação em Situações de Emergência. Disponível em: https://inee.org/pt/eie-glossary/bem-estar-social. Acesso em: 05 abr. 2024.

[63] DE ANDRADE, André Gustavo Corrêa. O Princípio Fundamental da Dignidade Humana e sua Concretização Judicial. **Revista da EMERJ**, v. 6, n. 23, p. 316-335, 2003, p. 318. Disponível em: https://www.emerj.tjrj.jus.br/revistaemerj_online/edicoes/revista23/revista23_3 16.pdf. Acesso em: 04 abr. 2024.

[64] TAVARES JÚNIOR, Dionísio Paradelas; PRATES, Lucas Ribeiro Baptista. **Princípio da igualdade em perspectiva histórica.** SCIAS. Direitos Humanos e Educação, Belo Horizonte, v.2, n.2, p. 05-16, jul./dez. 2019. Disponível em: https://revista.uemg.br/index.php/sciasdireitoshumanoseducacao/article/downlo ad /4229/pdf/13951. Acesso em: 05 abr. 2024.

[65] TAVARES JÚNIOR, Dionísio Paradelas; PRATES, Lucas Ribeiro Baptista. **Princípio da igualdade em perspectiva histórica.** SCIAS. Direitos Humanos

> Igualdade é uma das palavras incorporadas ao vocabulário político do Ocidente no século XVIII. Desde então, é parte do fundamento das democracias. Inicialmente, a palavra foi invocada para definir que todos os homens são iguais perante a lei e logo foi empregada para indicar a igualdade política. Em tempos recentes, considerou-se que essa sozinha não bastava, sendo preciso invocar também a igualdade social para garantir oportunidades a todos.[66]

Necessário destacar que, para alcançarmos o tratamento igualitário, faz-se necessário conferir tratamento desigual aos desiguais na medida de suas desigualdades, bem como tratar igualmente os iguais. Conforme dispõe Rui Barbosa, no discurso intitulado "Oração aos Moços":

> A regra da igualdade não consiste senão em quinhoar desigualmente aos desiguais, na medida em que se desigualam. Nesta desigualdade social, proporcionada à desigualdade natural, é que se acha a verdadeira lei da igualdade. O mais são desvarios da inveja, do orgulho, ou da loucura. Tratar com desigualdade a iguais, ou a desiguais com igualdade, seria desigualdade flagrante, e não igualdade real. Os apetites humanos conceberam inverter a norma universal da criação, pretendendo, não dar a cada um, na razão do que vale, mas atribuir o mesmo a todos, como se todos se equivalessem.[67]

O direito a igualdade se divide entre a isonomia formal e a isonomia material ou real. A (i) **isonomia formal** relaciona-se à

---

e Educação, Belo Horizonte, v.2, n.2, p. 05-16, jul./dez. 2019, p. 12. Disponível em: https://revista.uemg.br/index.php/sciasdireitoshumanoseducacao /article/download/4229/pdf/13951. Acesso em: 05 abr. 2024.

[66] MARQUES, Teresa Cristina de Novaes. **O voto feminino no Brasil.** Brasília: Câmara dos Deputados, Edições Câmara, 2018, p. 9. Disponível em: https://bibliotecadigital.tse.jus.br/xmlui/bitstream/handle/ bdtse/4798/2018_marques_voto_feminino_brasil.pdf?sequence=1&isAllowed =y. Acesso em: 28 jun. 2023.

[67] BARBOSA, Rui. **Oração aos moços.** 5º ed. Rio de Janeiro: Fundação Casa de Rui Barbosa, 1997, p.26. Disponível em: http://www.casaruibarbosa.gov.br/dados/DOC/artigos/rui_barbosa/FCRBRuiB arbosa_Oracao_aos_mocos.pdf. Acesso em: 05 abr. 2024.

igualdade perante a lei, conforme o art. 5° da Constituição Federal de 1988, "todos são iguais perante a lei, sem distinção de qualquer natureza [...]"[68],o objetivo do texto legal é afirmar que não haverá distinção entre as pessoas na aplicação de direitos e deveres constantes na legislação brasileira.

De outro modo, a (ii) **isonomia material ou real** é aquela abarcada nos fatos concretos, reais. Traduz-se, além da não discriminação arbitraria, que é responsabilidade do Estado promover igualdade de oportunidades, elaborando de mecanismos práticos, leis e implementação de políticas públicas com o objetivo de diminuir ou extinguir com as desigualdades sociais. A exemplo de mecanismos utilizados pelo ordenamento brasileiro para garantia a igualdade material estão o Estatuto da Criança e do Adolescente, vagas exclusivas para Pessoa com Deficiência, política de cotas e a Lei Maria da Penha.[69]

4.3 Princípio da Autodeterminação Corporal

A autodeterminação corporal consiste em uma das formas do exercício da liberdade individual, que se exterioriza na liberdade de disposição do próprio corpo ou de partes dele. Trata-se da capacidade que o indivíduo tem para se autodeterminar, livre de qualquer influência externa que o controle ou limite, impedindo-o de realizar suas próprias escolhas.[70]

> Neste contexto, a autonomia é o fundamento da dignidade humana de todo ser racional é por meio dela que o ser

---

[68] BRASIL. **Constituição Federal.** 1988. Disponível em: https://www.planalto.gov.br/ccivil_03/cons tituicao/constituicao.htm. Acesso em: 05 abr. 2024.

[69] FACHINI, Tiago. **Isonomia: o que é, importância e quais são seus limites**. ProJuris, 20/06/2023. Disponível em: https://www.projuris.com.br/blog/principio-da-dignidade-humana/. Acesso em: 05 abr. 2024.

[70] KEID, Fernando Borges. **Até que ponto, no Brasil, é permitido o exercício da autonomia sobre o próprio corpo?** Migalhas, 07 de setembro de 2021. Disponível em: https://www.migalhas.com.br /depeso /356153 /ate-que-ponto-e-permitido-o-exercicio-da-autonomia-no-proprio-corpo. Acesso em: 05 abr. 2024.

> humano se dignifica, não devendo ser restringida a pretexto de substituir a livre vontade, nem mesmo por aquilo que se acredita ser o melhor ou mais apropriado.[71]

Conhecido também como autonomia corporal, o direito ao corpo é entendido como a "capacidade de autodeterminação da pessoa em relação ao próprio corpo (...)".[72] A autonomia é o elemento ético da dignidade humana, sendo o fundamento do livre arbítrio dos indivíduos, e o que lhes permite buscar, da sua própria maneira, o ideal de viver bem e de ter uma boa vida.[73]

> A autonomia, portanto, corresponde à capacidade de alguém tomar decisões e de fazer escolhas pessoais ao longo da vida, baseadas na sua própria concepção de bem, sem influências externas indevidas. Quanto às suas implicações jurídicas, a autonomia está subjacente a um conjunto de direitos fundamentais associados com o constitucionalismo democrático.[74]

Nessa linha de intelecção, entende-se que a autonomia sobre o próprio corpo, faz parte de uma prerrogativa humana existencial e diz respeito a uma relação do sujeito consigo mesmo, podendo dispor do seu

---

[71]ALECRIM, Gisele Machado; SILVA, Eduardo Pordeus; ARAÚJO; Jailton Macena de. **Autonomia da mulher sobre o seu corpo e a intervenção estatal.** Periódico do Núcleo de Estudos e Pesquisas sobre Gênero e Direito. Centro de Ciências Jurídicas -Universidade Federal da Paraíba Nº 02, p. 158-175, 2º Semestre de 2014, p.161. Disponível em: https://periodicos.ufpb.br/index.php/ged/ article/view/20428 /11799. Acesso em: 05 abr. 2024.

[72] MORAES, Maria Celina Bodin de; CASTRO, Thamis Dalsenter Viveiros de. A autonomia existencial nos atos de disposição do próprio corpo. **Pensar-Revista de Ciências Jurídicas**, v. 19, n. 3, p. 779-818, 2015, p. 769. Disponível em: https://periodicos.unifor.br/rpen/article/view/3433. Acesso em: 05 abr. 2024.

[73] LEITE, Gisele. **Conteúdo Mínimo da dignidade humana**. Jornal Jurid, 2022 Disponível em: https://www.jornaljurid.com.br/colunas/gisele-leite/conteudo-minimo-da-dignidade-humana-2022-05-20. Acesso em: 05 abr. 2024.

[74] BARROSO, Luís Roberto. Aqui, lá e em todo lugar: a dignidade humana no direito contemporâneo e no discurso transnacional. **Revista do Ministério Público**. Rio de Janeiro: MPRJ, n. 50, p. 95-147, out./ dez. 2013, p. 126. Disponível em: https://www.mprj.mp.br/documents/20184/2592408/Luis_ Roberto_Barroso.pdf. Acesso em: 05 abr. 2024.

corpo da forma como melhor entender, desde que não afronte a ordem jurídica e os bons costumes.[75]

Pode-se dizer que o referido princípio se apresenta em duas vertentes: a positiva, que consiste no direito de fazer com seu corpo o que bem entender; e a negativa, que consiste na impossibilidade de interferência no corpo do outro sem sua autorização.

> A autonomia da pessoa, incindível da sua personalidade e dignidade, faz-nos reconhecer um direito à autodeterminação sobre o próprio corpo, enquanto dimensão do direito geral de personalidade. O conteúdo essencial de tal direito leva-nos a considerar que ninguém é autorizado a interferir no corpo alheio sem a sua autorização (vertente negativa) e que cada um pode fazer com o seu corpo aquilo que entender (vertente positiva).[76]

Nenhum direito é absoluto ou hierarquicamente superior, portanto, na ocorrência de conflito entre os princípios se faz necessário proceder com o sopesamento entre os valores individuais e coletivos envolvidos, como nos casos envolvendo a realização do aborto, em que o direito à vida se sobrepõe ao princípio da autonomia. O direito a disposição do próprio corpo não está expresso na Constituição Federal, mas deriva de uma interpretação sistemática das demais garantias expressas formalmente.

Alguns direitos são amoldados por um Estado ainda conservador, que subtrai a autonomia da mulher, impondo um modelo de conduta a ações que não causam nenhum dano à coletividade e que pertencem a

---

[75] SANTOS, Franciele Barbosa; ZUCOLOTE DE OLIVEIRA, Lillian; DE OLIVEIRA, Lourival José. Violação a autonomia corporal e reprodutiva da mulher no Brasil: necessidade de reforma da Lei n. 9.263/96. **Conhecimento & Diversidade** Niterói, v. 13, n. 31, p. 42–54. Set./Dez. 2021. Disponível em: https://revistas.unilasalle
.edu.br/index.php/conhecimento_diversidade/article/download/8130/pdf.
Acesso em: 11 jul. 2022.
[76] BARBOSA, Mafalda Miranda. Os limites à autodeterminação corporal. **Revista Brasileira de Direito Civil** – RBDCivil, Belo Horizonte, v. 31, n. 2, p. 151-182, abr./jun. 2022, p. 153. Disponível em: https://rbdcivil.ibdcivil.org.br/rbdc/article/view/868/539. Acesso em: 05 abr. 2024.

esfera individual.[77] O princípio da autodeterminação se relaciona intimamente com o papel da mulher na sociedade, principalmente no que diz respeito aos direitos sexuais, reprodutivos e a violência de gênero.

Conforme a diretora executiva do UNFPA, Natalia Kanem:

> Em todo o mundo há mulheres e meninas a quem não é permitido que assumam o controle sobre seus corpos e de suas vidas.
>
> O direito à autonomia sobre o corpo é violado quando uma menina é submetida à mutilação genital, quando uma mulher é forçada a fazer um aborto, quando um homem a engravida contra sua vontade, quando ela é estuprada ou quando é submetida a um chamado teste de virgindade.[78]

A sociedade, culturalmente machista, exerce um poder simbólico e invisível que limita o espaço decisório da mulher, cerceando o livre exercício de seus direitos. "Desta forma, as liberdades   individuais, muitas   vezes, estão limitadas   sem   o   seu   exercício gerar dano a outrem, apenas como uma valorização e manutenção da uniformização de conduta."[79]

---

[77] ALECRIM, Gisele Machado; SILVA, Eduardo Pordeus; ARAÚJO; Jailton Macena de. Autonomia da mulher sobre o seu corpo e a intervenção estatal. **Periódico do Núcleo de Estudos e Pesquisas sobre Gênero e Direito.** Centro de Ciências Jurídicas - Universidade Federal da Paraíba Nº 02, p. 158-175, 2º Semestre   de   2014,   p.   161.   Disponível   em: https://periodicos.ufpb.br/index.php/ged/ article/view/20428 /11799. Acesso em: 05 abr. 2024.

[78] DW. **Milhões de mulheres não têm autonomia sobre o próprio corpo.** 14 de abril de 2021. Disponível em: https://www.dw.com/pt-br/milh%C3%B5es-de-mulheres-n%C3%A3o-t%C3%AAm-autonomia-sobre- o-pr%C3%B3prio-corpo-diz-relat%C3%B3rio/a-57201552#:~:text=Em%20determinadas%20reg i%C3%B5es%2C%20metade%20da,contra%20mulheres%20cresceu%20duran te%20pandemia. Acesso em: 05 abr. 2024.

[79] ALECRIM, Gisele Machado; SILVA, Eduardo Pordeus; ARAÚJO; Jailton Macena de. Autonomia da mulher sobre o seu corpo e a intervenção estatal. **Periódico do Núcleo de Estudos e Pesquisas sobre Gênero e Direito.** Centro de Ciências Jurídicas - Universidade Federal da Paraíba Nº 02, p. 158-175, 2º Semestre   de   2014,   p.   161.   Disponível   em: https://periodicos.ufpb.br/index.php/ged/ article/view/20428 /11799. Acesso em: 05 abr. 2024.

Substancialmente, quem defende o direito ao próprio corpo defende nada menos que a si mesmo, na medida em que o corpo de cada ser é o próprio ser, faz parte da sua essência, inclusive, como sujeito de direito.[80]

---

[80] FREITAS, Riva Sobrado de; MEZZAROBA, Orides; ZILIO, Daniela. A autonomia decisória e o direito à autodeterminação corporal em decisões pessoais: Uma necessária discussão. **Revista de Direito Brasileira**, Florianópolis, SC, v. 24, n. 9, p.168-182, Set./Dez. 2019. Disponível em: https://www.indexlaw.org /index.php/rdb/article/download/5706/4782. Acesso em: 05 abr. 2024.

5   MULHER E EDUCAÇÃO

Com o objetivo de se discutir mulher e educação, faz-se necessário uma breve retomada histórica do processo educacional.

O processo educacional perpassou por diversos momentos históricos, pode-se fazer referência ao Egito, em que já havia uma preocupação em relação a educação, ainda que voltada para os filhos da classe dominante. Na Grécia já se evidencia o desenvolvimento da democracia educativa, em que se educa a classe governante acerca de política, a classe guerreira acerca de guerra, e a classe produtora acerca do trabalho por intermédio da imitação. Em Roma a função educadora era do pai. Na Idade Média a função educadora passa a ser de incumbência de Igreja, e por conseguinte o ensinamento era essencialmente religioso. Com a crise do feudalismo, e surgimento da burguesia, tem-se o nascimento das comunas e das corporações de artes e ofício, e a abertura de universidades com certo grau de democratização da educação, além do surgimento da imprensa. Nos anos 1700 tem-se o movimento intelectual do iluminismo, que transformou o processo educacional ao valorizar a racionalidade, e o aperfeiçoamento do indivíduo, bem como ao centrar o modelo de educação na figura do professor como transmissor do conhecimento. Com advento da Revoluções Industriais, o ensino passa-se a se voltar para o ensino técnico-profissional, e o pensamento socialista passa a questionar essa estruturação social. No século XX, as Escolas Europeias mantinham sua característica verbalística, enquanto os EUA mantinham uma característica mais pragmática, que envolve o fazer e aprender.[81]

No Brasil, no período colonial, marcado pela exploração da cana-de-açúcar por meio da mão de obra escrava, havia pouca instrução formal para os homens e nenhuma para as mulheres. A situação começa a mudar, paulatinamente, com a chegada da Família Real e com a Independência em 1822, que propiciaram uma demanda por educação, a ponto de que legisladores do Império estabeleceram que o ensino do primário deveria ser fornecido pelo Estado aos homens e as mulheres. Salienta-se que a educação feminina à época era eivada de conteúdo patriarcal e objetivava

---

[81] MANACORDA, M. A. **História da Educação: da Antiguidade aos nossos dias**. 12. ed. São Paulo: Cortez, 2006.

reafirmar um papel social da mulher como mãe e esposa, assim, as mulheres ficam excluídas de altos graus de instrução, poderiam alcançar tão somente a educação secundária restrita ao magistério, complementarmente somente em 1881 permitiu-se uma matrícula de uma mulher em um curso superior. No século XX as mulheres paulatinamente ocuparam mais vagas nos ensinos secundário e superior, porém em número inferior ao dos homens. Frisa-se que de um modo geral a educação era restrita a poucos, sobretudo em uma sociedade estritamente rural, situação que começa a mudar com a industrialização do país. E tão somente em 1960 as mulheres acessavam de modo mais fácil o ensino universitário, e em 1970 reverteram o hiato de gênero no ensino superior. Progressivamente, há a expansão do ensino, especialmente pós 1990, em que se preocupa não somente com a disponibilidade do ensino, mas condições dos estudantes de frequentarem as aulas, bem como com a expansão das universidades.[82]

Cumpre destacar alguns pontos em relação a educação no Brasil, as instituições religiosas tiveram um papel fundamental, sobretudo ao possibilitar a educação feminina. Embora fosse possível identificar alguma abertura para instrução das mulheres, historicamente sempre houve uma dicotomia no ensino de homens e mulheres, inclusive havia uma separação física entre eles, sendo que somente em 1870 alunos e alunas frequentaram a mesma sala de aula.[83]

A partir de uma perspectiva histórica depreende-se que nem todos tem acesso à educação, sobretudo as mulheres em meio a uma sociedade patriarcal, a despeito da educação ser fundamental ao desenvolvimento da sociedade.

---

[82] BELTRÃO, Kaizô Iwakami; ALVES, José Eustáquio Diniz. A reversão do hiato de gênero na educação brasileira no século XX. **Scielo.** 2009. Disponível em: https://www.scielo.br/j/cp/a/8mqpbrrwhLsFpxH8yMWW9KQ/?lang=pt. Acesso em 26 jun. 2023.

[83] SAE DIGITAL. **A história das mulheres na luta pelo acesso à educação.** Disponível em: https://sae.digital/historia-das-mulheres/#:~:text=Nessa%20mesma%20fase%2C%20outra%20conquista,para%20ingressar%20nos%20cursos%20normais. Acesso em: 27 jun. 2023.

A educação é um instrumento que auxilia na emancipação das pessoas, embora fora concedida a educação ainda que diminuta as mulheres, o processo reflexivo evocou nas mulheres a consciência de que através da educação poderiam alcançar outros direitos, por esse motivo o direito à educação foi uma das primeiras demandas na primeira onda do movimento feminista. Assim, cada vez mais mulheres puderam discutir com seus pares, em um ambiente acadêmico e fora dele, temas com direito ao voto, direitos sociais, dentre outros.

Contemporaneamente constata-se avanços em comparação aos séculos anteriores, mas há muitos desafios ainda a serem enfrentados no que tangem a educação das mulheres, como a evasão escolar decorrente de falta de incentivo, e ausência de condições adequadas para estudo.

> Infelizmente, apesar de tantas conquistas, a realidade mundial do acesso à educação feminino ainda enfrenta muitos desafios. De acordo com uma pesquisa da Organização das Nações Unidas para a Educação, a Ciência e a Cultura (Unesco), de 2017, 62 milhões de meninas deixaram de frequentar a escola por conta do trabalho infantil, pobreza, fome, casamento precoce, entre outros problemas. A entidade lembra que dois terços dos mais de 750 milhões de analfabetos no mundo são mulheres.[84]

E há um custo social e humano em não propiciar condições adequada para educação para educação das mulheres, como redução da taxa de fertilidade em países altamente povoados, bem como a redução da mortalidade infantil, decorrente de educação sobre aspectos relacionados a saúde, inclusive relativos à higiene, bem como de um aumento de renda decorrente dos empregos disponíveis em decorrência do aumento de grau de escolaridade, que por sua vez propiciam acesso a uma saúde de melhor qualidade.

> Em 2018, o Banco Mundial divulgou o relatório *Perda de Oportunidades: o elevado custo de não educar as meninas*. O documento constata que garantir às adolescentes o ingresso no

---

[84] SAE DIGITAL. **A história das mulheres na luta pelo acesso à educação.** Disponível em: https://sae.digital/historia-das-mulheres/#:~:text=Nessa%20mesma%20fase%2C%20outra%20conquista,para%20ingressar%20nos%20cursos%20normais. Acesso em: 27 jun. 2023.

ensino médio resultava em uma gama de benefícios socioeconômicos para o país, como a quase eliminação do casamento infantil, a redução em um terço da taxa de fertilidade em países com alto crescimento populacional e a diminuição da mortalidade infantil e da desnutrição.[85]

Em linha gerais, há ainda números desafios, em relação a educação para mulheres, afinal há pouco se reverteu o hiato de gênero no ensino superior, e há ainda estereótipos em relação a determinados ramos do conhecimento de modo a afastar algumas mulheres, então é importante reforçar que as mulheres são aptas para ocupar qualquer cargo ou função. Isso também que releva que para além da educação formal das mulheres, é preciso incluir na educação formal dos homens conhecimentos acerca da igualdade de gênero, e temas correlatos.

---

[85] LIMA, Paola; PORTELA, Raissa. Mulheres na política: ações buscam garantir maior participação feminina no poder. **Agência Senado.** 2022. Disponível em: https://www12.senado.leg.br/noticias/infomaterias/2022/05/aliados-na-luta-por-mais-mulheres-na-politica. Acesso em: 22 jun. 2023.

6   MULHER E POLÍTICA

A primeira onda do femismo teve como principal objetivo a conquista do direito ao voto pelas mulheres, então esse direito representa uma das primeiras reivindicações de um movimento organizado feminino.

O direito ao voto é especialmente importante, pois, é instrumento de exercício da cidadania e de transformação da sociedade.

E o direito ao voto pelas mulheres é uma conquista relativamente recente no Brasil. "Em 1932, o Decreto nº 21.076, instituiu o Código Eleitoral, que em seu artigo 2º classificava como eleitor todo cidadão maior de 21 anos sem distinção de sexo, o que permitiu que as mulheres pudessem votar."[86] No entanto, à época o direito ao voto feminino esbarrava em limitações, só podia ser exercido, facultativamente, por mulheres solteiras e viúvas com renda própria, ou por mulheres casadas desde que com autorização do cônjuge. E assim permaneceu com a Constituição de 1934 que restringia o direito ao voto às mulheres que exerciam função pública remunerado, bem com Código Eleitoral de 1946, que excluía as mulheres analfabetas. Para que somente com a Constituição Federal de 1988 fosse estendido o voto a todos os cidadãos indistintamente.[87]

Com a autorização do voto feminino em 1932, ainda que com suas restrições "As brasileiras então puderam ir às urnas e eleger seus representantes. Entre eles, elegeu-se uma mulher, Carlota Pereira de Queirós, em São Paulo, deputada pioneira do Parlamento".[88]

---

[86] ALMEIDA, Liana Fernandes de. Evolução histórica dos direitos da Mulher e a Licença – Maternidade. **Revista OAB/RJ.** p. 8. Disponível em: https://revistaeletronica.oabrj.org.br/?artigo=evolucao-historica-dos-direitos-da-mulher-e-a-licenca-maternidade. Acesso em: 16 jun. 2023.

[87] MATIAS, Ana Flávia Alves; PERGENTINO, Érika de França. Mulheres na política: análise da efetividade da cotas de gênero como mecanismo de representatividade feminina. **Revista Jurídica Verba Legis**, nº XIV. 2021. Disponível em: https://apps.tre-go.jus.br/internet/verba-legis/2021/Artigos_Mulheres-na-politica.php. Acesso em: 22 jun. 2023.

[88] LIMA, Paola; PORTELA, Raissa. Mulheres na política: ações buscam garantir maior participação feminina no poder. **Agência Senado.** 2022.

Considerando o cargo da presidência, o de maior relevância política, a primeira mulher a ocupar a função fora na Islândia em 1980.

> O primeiro país do mundo a eleger uma mulher para o cargo de presidente foi a Islândia em 1980 e apenas 10 anos mais tarde, em 1990, as mulheres já eram presidentes de 12 países. O ano de 2014 registrou recorde, com 25 líderes femininas e no ano passado as mulheres eram líderes de 20 entre aos 191 países que fazem parte das Nações Unidas. Países liderados por mulheres tendem a explorar mais a questão da igualdade de gêneros, mas infelizmente estes representam apenas 10% do total.[89]

No Brasil: "Desde o início da República, em 1889, o país teve uma única presidente, Dilma Rousseff, e apenas 16 governadoras mulheres. Dessas, só oito foram eleitas para o cargo, as demais eram vice-governadoras que ocuparam o posto com a saída do titular".[90]

Não é só no cargo de chefia do executivo que há uma reduzida quantidade de representantes mulheres, o mesmo ocorre no legislativo, em que as mulheres ocupam "apenas 15% das cadeiras na Câmara dos Deputados; no Senado, são 13%. Nas assembleias estaduais, a mesma situação: apenas 161 mulheres foram eleitas, o que também representa uma média de 15% do total de postos".[91]

Em síntese, a estrutura patriarcal, a tardia inclusão legal do direito ao voto feminino, e fenômenos como violência política acabam por reduzir a participação políticas das mulheres, todavia, é necessário mudar

---

Disponível em: https://www12.senado.leg.br/noticias/infomaterias/2022/05/aliados-na-luta-por-mais-mulheres-na-politica. Acesso em: 22 jun. 2023.

[89] ALMEIDA, Liana Fernandes de. Evolução histórica dos direitos da Mulher e a Licença – Maternidade. **Revista OAB/RJ**, p.7. Disponível em: https://revistaeletronica.oabrj.org.br/?artigo=evolucao-historica-dos-direitos-da-mulher-e-a-licenca-maternidade. Acesso em: 16 jun. 2023.

[90] LIMA, Paola; PORTELA, Raissa. Mulheres na política: ações buscam garantir maior participação feminina no poder. **Agência Senado.** 2022. Disponível em: https://www12.senado.leg.br/noticias/infomaterias/2022/05/aliados-na-luta-por-mais-mulheres-na-politica. Acesso em: 22 jun. 2023.

[91] LIMA, Paola; PORTELA, Raissa. Mulheres na política: ações buscam garantir maior participação feminina no poder. **Agência Senado.** 2022. Disponível em: https://www12.senado.leg.br/noticias/infomaterias/2022/05/aliados-na-luta-por-mais-mulheres-na-politica. Acesso em: 22 jun. 2023.

essa situação, por isso disposições legais que busquem aumentar a participação feminina mostram-se especialmente importantes como o estabelecimento de cotas eleitorais de gênero.

> As cotas eleitorais de gênero, passou a ser aplicada em muitos países principalmente a partir das últimas décadas do século XX, tendo como objetivo primordial servir de instrumento para aumentar o número de mulheres eleitas para os cargos públicos, mas sua aplicação ainda depende de vários fatores.[92]

Nesse sentido, um marco legislativo foi a Lei 9.504, que estabelecia a cota de gênero, associada ao regramento das coligações, ainda que em caráter opcional. A regra passou a ser obrigatória a partir de 2009 com advento da Lei 12.034, que alterou o art. 10, §3º da supracitada lei, incluindo a obrigatoriedade.

> O estímulo à participação feminina por meio da cota de gênero está previsto na legislação brasileira há 26 anos, mais exatamente no artigo 10, parágrafo 3º, da Lei das Eleições (Lei nº 9.504/1997). Funciona assim: cada partido ou coligação deve preencher o mínimo de 30% e o máximo de 70% para candidaturas de cada sexo, nas eleições para Câmara dos Deputados, Câmara Legislativa do Distrito Federal, Assembleias Legislativas e Câmaras Municipais.[93]

Ainda que a EC 97/2007 tenha determinado o fim das coligações nas eleições proporcionais de 2020, a supracitada regra continua aplicável, mas agora de forma individual.

> Com as atualizações eleitorais surgem algumas medidas que podem colaborar para a efetividade da aplicação da cota de gênero, dentre elas, destaca-se a Emenda Constitucional nº 97/2017 que previu o fim das coligações nas eleições

---

[92] MATIAS, Ana Flávia Alves; PERGENTINO, Érika de França. Mulheres na política: análise da efetividade da cotas de gênero como mecanismo de representatividade feminina. **Revista Jurídica Verba Legis**, nº XIV. 2021. Disponível em: https://apps.tre-go.jus.br/internet/verba-legis/2021/Artigos_Mulheres-na-politica.php. Acesso em: 22 jun. 2023.

[93] BRASIL. Tribunal Superior Eleitoral. **Mulheres e política: decisões do TSE combatem fraude à cota de gênero.** 2023. Disponível em: https://www.tse.jus.br/comunicacao/noticias/2023/Marco/mulheres-e-politica-decisoes-do-tse-combatem-fraude-a-cota-de-genero. Acesso em: 22 jun. 2023

proporcionais para as eleições 2020. Com a mudança, a cota de gênero passar a ser aplicada a cada partido de forma individual e não à coligação como estava previsto anteriormente.[94]

Em decorrência da Lei 9.504 e da alteração promovida pela Lei 12.034, reconheceu-se ainda questões atinentes a recursos para campanha, notadamente que se deve reservar 30% dos recursos do Fundo Eleitoral pra o financiamento de campanhas femininas.

> Em 2018, na tentativa de avançar no tema, o TSE decidiu que os partidos políticos devem reservar pelo menos 30% dos recursos do Fundo Eleitoral para financiar candidaturas femininas e que o mesmo percentual deve ser considerado em relação ao tempo destinado à propaganda eleitoral gratuita no rádio e na TV. E, se o número de candidatas representar mais que a cota, o repasse dos recursos deve ocorrer na mesma proporção.[95]

Inclusive a destinação de 30% dos recursos do Fundo Eleitoral pra o financiamento de campanhas femininas veio a tornar-se disposição constitucional com advento da Emenda Constitucional 117.

> Em abril deste ano, outra emenda constitucional foi promulgada pelo Congresso como ação afirmativa para estimular candidaturas femininas. A EC 117 incluiu na Constituição a aplicação de percentuais mínimos de recursos do fundo partidário nas campanhas de mulheres e em programas voltados à participação delas na política.
> Na prática, passa a ser regra constitucional a destinação de 30% dos recursos de campanha dos partidos para candidaturas femininas. E se o partido lançar mais que 30% de candidaturas

---

[94] MATIAS, Ana Flávia Alves; PERGENTINO, Érika de França. Mulheres na política: análise da efetividade da cotas de gênero como mecanismo de representatividade feminina. **Revista Jurídica Verba Legis**, nº XIV. 2021. Disponível em: https://apps.tre-go.jus.br/internet/verba-legis/2021/Artigos_Mulheres-na-politica.php. Acesso em: 22 jun. 2023.
[95] BRASIL. Tribunal Superior Eleitoral. **Mulheres e política: decisões do TSE combatem fraude à cota de gênero.** 2023. Disponível em: https://www.tse.jus.br/comunicacao/noticias/2023/Marco/mulheres-e-politica-decisoes-do-tse-combatem-fraude-a-cota-de-genero. Acesso em: 22 jun. 2023

feminas, o tempo de rádio e TV e os recursos devem aumentar na mesma proporção.[96]

Nessa linha de intelecção tem-se também a Emenda Constitucional 111.

> A Emenda Constitucional 111, promulgada em setembro de 2021, determinou a contagem em dobro dos votos dados a mulheres e pessoas negras no cálculo da distribuição dos recursos dos fundos partidário e eleitoral nas eleições. A medida vale a partir deste ano até 2030. [97]

As inovações legislativas traduzem um relativo avanço da sociedade que começa a ceder o espaço político que é direito das mulheres, e que elas lutaram para conquistar. As cotas mostram-se especialmente importantes ao tentarem reduzir de modo mais célere as discrepâncias entre a representação feminina e masculina na política, todavia, o objetivo é que algum dia essas se tornem desnecessárias.

Importa ressaltar que: "A democracia brasileira só será plena quando todos os seus cidadãos forem representados, participando na condução do destino do país, contribuindo, assim, para construção de uma sociedade mais justa e fraterna".[98]

---

[96] LIMA, Paola; PORTELA, Raissa. Mulheres na política: ações buscam garantir maior participação feminina no poder. **Agência Senado.** 2022. Disponível em: https://www12.senado.leg.br/noticias/infomaterias/2022/05/aliados-na-luta-por-mais-mulheres-na-politica. Acesso em: 22 jun. 2023.

[97] LIMA, Paola; PORTELA, Raissa. Mulheres na política: ações buscam garantir maior participação feminina no poder. **Agência Senado.** 2022. Disponível em: https://www12.senado.leg.br/noticias/infomaterias/2022/05/aliados-na-luta-por-mais-mulheres-na-politica. Acesso em: 22 jun. 2023.

[98] ALVES, Yanne Katt Teles Rodrigues. **Revista de Estudos Eleitorais.** Recife, V.2, Número 3, p.102-103, jul.2018. Disponível em: https://bibliotecadigital.tse.jus.br/xmlui/bitstream/handle/bdtse/5365/2018_alves_debatendo_representatividade_panorama.pdf?sequence=1&isAllowed=y. Acesso em: 28 jun. 2023.

6.1   Violência Política

Um dos responsáveis pela diminuta representação das mulheres na política, e que necessita ser combatida é o fenômeno da violência política, que corresponde a agressão física, psicológica, moral, sexual, patrimonial com a finalidade de impedir ou restringir o acesso e exercício de funções públicas.

> Em ano eleitoral, com disputas acirradas no cenário político, ouvimos com frequência a denominação "violência política". Trata-se de expressão utilizada em contextos em que há vitimização da mulher ou pessoas que se identificam com o gênero feminino. Consiste no cerceamento do direito afeto à cidadania de ocupar a pessoa de gênero feminino cargos ou exercer funções no cenário da vida pública, quer restando inviabilizada sua candidatura, quer o próprio regular exercício de atividades concernentes a cargos eletivos ou ainda, o pleno exercício de direitos políticos, especialmente o voto. A violência política pode se delinear por intermédio, inclusive, de comportamentos omissivos ou ataques físicos, morais, sexuais, psicológicos, de natureza institucional (econômica e estrutural) ou até mesmo simbólica.[99]

Constatado o fenômeno da violência política, cabe destacar que não é só no âmbito político que as mulheres são expostas a violência, mas também nas relações pessoais, por isso passa-se a ser importante uma análise do fenômeno da violência contra as mulheres.

---

[99] LEITE, Luciana Simon de Paula. Violência política contra a mulher: o que é? **Magis** – Portal Jurídico. 2022. Disponível em: https://magis.agej.com.br/violencia-politica-contra-a-mulher-o-que-e/. Acesso em: 08 jun. 2023

7   MULHER E VIOLÊNCIA

Violência é um fato social normal. Todavia, quando a sociedade se vê tomada por ela, há o efeito de um fato social patológico, é nessa situação que se enquadra a violência contra as mulheres, àquela dirigida especificamente a mulher em razão desta condição.

> O conceito de violência contra as mulheres é uma expressão criada pelo movimento social feminista, e faz referência, de modo geral, a sofrimentos e agressões que estão tradicional e profundamente enraizados na vida social, percebidos como situações normais, quando dirigidos especificamente às mulheres pelo simples fato de serem mulheres.[100]

A violência contra mulher é resultado da herança do patriarcado que indevidamente normalizou o comportamento abusivo de muitos homens, e se dá de diversas maneiras, não é necessariamente física, pode ser de várias ordens, como psicológica, moral, sexual, patrimonial.

A Lei Maria da Penha tratou de conceituar as supracitadas formas de violência contra a mulher, senão vejamos:

> Art. 7º São formas de violência doméstica e familiar contra a mulher, entre outras:
> I - a violência física, entendida como qualquer conduta que ofenda sua integridade ou saúde corporal;
> II - a violência psicológica, entendida como qualquer conduta que lhe cause dano emocional e diminuição da auto-estima ou que lhe prejudique e perturbe o pleno desenvolvimento ou que vise degradar ou controlar suas ações, comportamentos, crenças e decisões, mediante ameaça, constrangimento, humilhação, manipulação, isolamento, vigilância constante, perseguição contumaz, insulto, chantagem, ridicularização, exploração e limitação do direito de ir e vir ou qualquer outro meio que lhe cause prejuízo à saúde psicológica e à autodeterminação;
> III - a violência sexual, entendida como qualquer conduta que a constranja a presenciar, a manter ou a participar de relação

---

[100] LIRA, Kalline. Flávia. S.; DE BARROS, Ana. Maria. Violência contra as mulheres e o patriarcado: um estudo sobre o sertão de Pernambuco. **Revista Ágora**, *[S. l.]*, n. 22, p. 278, 2018. Disponível em: https://periodicos.ufes.br/agora/article/view/13622. Acesso em: 8 jun. 2023

> sexual não desejada, mediante intimidação, ameaça, coação ou uso da força; que a induza a comercializar ou a utilizar, de qualquer modo, a sua sexualidade, que a impeça de usar qualquer método contraceptivo ou que a force ao matrimônio, à gravidez, ao aborto ou à prostituição, mediante coação, chantagem, suborno ou manipulação; ou que limite ou anule o exercício de seus direitos sexuais e reprodutivos;
>
> IV - a violência patrimonial, entendida como qualquer conduta que configure retenção, subtração, destruição parcial ou total de seus objetos, instrumentos de trabalho, documentos pessoais, bens, valores e direitos ou recursos econômicos, incluindo os destinados a satisfazer suas necessidades;
>
> V - a violência moral, entendida como qualquer conduta que configure calúnia, difamação ou injúria.[101]

Importa ressaltar que a violência psicológica, pode dar inclusive na forma de *gaslighting:*

> Gaslighting, tortura psicológica do homem sobre a mulher, numa tentativa de que ela desacredite a si mesma, duvidando de sua inteligência e muitas vezes de sua sanidade mental. Uma violência sutil que se manifesta em frases como "você está imaginando coisas", "você está louca". Muitas vezes as informações são distorcidas ou inventadas para favorecer o abusador e ter total controle sobre ela. O gaslighting é bem comum e pode aparecer não só nas relações amorosas, mas também no trabalho e até nas amizades.[102]

Há ainda as denominadas violência obstétrica e a violência política, que nada mais são do que as violências anteriormente descritas, mas em um contexto ou finalidade específica.

A violência obstétrica corresponde ao "desrespeito à mulher, à sua autonomia, ao seu corpo e seus processos reprodutivos, podendo se manifestar por meio de violência verbal, física ou sexual, bem como pela

---

[101] BRASIL. Lei 11.340. 2006. Disponível em: https://www.planalto.gov.br/ccivil_03/_ato2004-2006/2006/lei/l11340.htm. Acesso em: 08 jun. 2023.

[102] COLLING, Ana Maria. Violência Contra As Mulheres – Herança Cruel Do Patriarcado. **Revista Diversidade e Educação.** v. 8, n. Especial, p. 186, 2020. Disponível em: https://periodicos.furg.br/divedu/article/view/10944. Acesso em: 08 jun. 2023.

adoção de intervenções e procedimentos desnecessários e devido embasamento científico".[103]

A violência obstétrica pode se manifestar de diversas formas pode ser física, por intermédio do emprego tapas, empurrões, dentre outros; psicológica, como é o caso do assédio, por fim pode decorrer da falta de consentimento da gestante nas intervenções sobre o seu próprio corpo durante o parto[104].

A violência política, por sua vez, ocorre com a finalidade de impedir ou restringir o acesso e exercício de funções públicas.

Feita essas considerações sobre o fenômeno da violência, bem como as espécies de violência, torna-se importante fazer uma retomada do histórico do combate à violência para fins de compreender quais medidas tem sido tomadas para cessar essa patologia.

7.1　A história do combate à violência contra as mulheres

Um importante marco no combate à violência contra as mulheres foi o reconhecimento pela OEA (Organização dos Estados Americanos), através da Convenção Interamericana para Prevenir, Punir e Erradicar a Violência contra a Mulher – Convenção de Belém do Pará, de que a eliminação da violência contra a mulher é indispensável para seu desenvolvimento individual e social das mulheres enquanto sujeitas de direitos, bem como para plena e igualitária participação em todas as esferas de vidas.[105]

Ainda a referida convenção, aprovada pelo Brasil mediante o Decreto Legislativo n.º 107, de 1.º de setembro de 1995, e ratificada em

---

[103] PEREIRA. Sarah Batista Santos. Violência obstétrica: um fenômeno vinculado à violação dos direitos elementares das mulheres. **Magis** – Portal Jurídico. 2022. Disponível em: https://magis.agej.com.br/violencia-obstetrica-um-fenomeno-vinculado-a-violacao-dos-direitos-elementares-das-mulheres/. Acesso em: 08 jun. 2023.

[104] SENA, Michel Canuto de. Aspectos jurídicos da violência obstétrica. **Magis** – Portal Jurídico. 2022. Disponível em: https://magis.agej.com.br/aspectos-juridicos-da-violencia-obstetrica/. Acesso em: 08 jun. 2023.

[105] COLLING, Ana Maria. Violência Contra As Mulheres – Herança Cruel Do Patriarcado. **Revista Diversidade e Educação**. v. 8, n. Especial, p. 171-194, 2020. Disponível em: https://periodicos.furg.br/divedu/article/view/10944. Acesso em: 08 jun. 2023.

27 de novembro de 1995 traz um conceito sobre violência contra mulheres em seu artigo 1º: "Para os efeitos desta Convenção, entender-se-á por violência contra a mulher qualquer ato ou conduta baseada no gênero, que cause morte, dano ou sofrimento físico, sexual ou psicológico à mulher, tanto na esfera pública como na esfera privada"[106]

Embora houvesse avanços legislativos no tocante a proteção contra a violência contra a mulher, não significa que estas cessaram, tanto que em 1983 ocorre no Brasil o emblemático caso de Maria da Penha.

Maria da Penha foi vítima de dupla tentativa de feminicídio por parte de seu ex-marido em 1983, as agressões por ela sofridas resultaram em sua paraplegia. O caso inclusive chegou a Comissão Interamericana de Direitos Humanos (CIDH), em 2001 reconheceu-se a negligência do Estado brasileiro em relação à violência doméstica, somente posteriormente a esse reconhecimento que em 2002 o agressor foi condenado pela justiça brasileira. Devido a repercussão do caso, em 2006 sancionou-se a Lei Maria da Penha como uma resposta à violência contra as mulheres.[107]

A Lei Maria da Penha inova ao reconhecer para além da violência física, psicológica ou sexual, também as violências moral e patrimonial, bem como ao estabelecer medidas de proteção.

> A Lei Maria da Penha decretada em 07 de agosto de 2006 foi um avanço histórico na luta contra a violência de gênero. Possibilita que agressores sejam presos em flagrante, ou tenham sua prisão preventiva detectada, quando ameaçarem a integridade física da mulher. Prevê ainda, medidas de proteção para a mulher que corre risco de vida, como o afastamento do agressor do domicilio e a proibição de sua aproximação física junto à mulher agredida e aos filhos.[108]

---

[106] BRASIL. **Decreto 1.973**. 1996. Disponível em: https://www.planalto.gov.br/ccivil_03/decreto/1996/d1973.htm. Acesso em: 09 jun. 2023.

[107] PEREIRA. Sarah Batista Santos. 15 anos da Lei nº 11.340/2006: quem foi Maria da Penha. **Magis** – Portal Jurídico. 2021. Disponível em: https://magis.agej.com.br/15-anos-da-lei-no-11-340-2006-quem-foi-maria-da-penha/. Acesso em: 09 jun. 2023.

[108] COLLING, Ana Maria. Violência Contra As Mulheres – Herança Cruel Do Patriarcado. **Revista Diversidade e Educação.** v. 8, n. Especial, p. 171-194,

Em 2008, houve alteração do art. 387, IV, CPP que passou a prever que o juiz ao fixar a sentença condenatória deve fixar um valor mínimo para reparação dos danos causados pela infração, considerando os prejuízos sofridos pelo ofendido.[109] Isso representa para os casos de violência contra a mulher que na sentença penal condenatória será fixado um valor mínimo para reparação dos danos, sem que seja necessário ingressar com uma ação de conhecimento no juízo cível. Nada obsta que se discuta o valor da indenização no juízo cível.

A Lei 13.104 de 2015 altera o Código penal para prever o feminicídio como circunstância qualificadora do crime de homicídio, e o inclui no rol dos crimes hediondos.[110]

Embora, o combate à violência contra as mulheres seja uma pauta com caráter de urgência, por estar afeta a vida, dignidade, e a própria existência. E ocorrera alguns avanços sobre essas matérias e outras demandas do movimento feminista. Ainda há diversas pautas em demanda como as relacionadas ao trabalho, direitos reprodutivos da mulher, dentre outras.

2020. Disponível em: https://periodicos.furg.br/divedu/article/view/10944. Acesso em: 08 jun. 2023.

[109] BRASIL. **Código de Processo Penal**. 1941. Disponível em: https://www.planalto.gov.br/ccivil_03/decreto-lei/del3689.htm. Acesso em: 29 jun. 2023.

[110] BRASIL. **Lei 13.104**. 2015. Disponível em: https://www.planalto.gov.br/ccivil_03/_ato2015-2018/2015/lei/l13104.htm. Acesso em: 09 jun. 2023.

8   A MULHER NO DIREITO PENAL

O direito penal tem dentre suas funções proteger bens jurídicos relevantes, aqueles que correspondem a valores mais fundamentais reconhecidos pela sociedade. Por conseguinte, só se deve criminalizar as condutas mais graves que sejam praticadas contra os bens jurídicos mais importantes, bem como deve-se preferir os demais ramos do direito.

A partir da constatação de um fato social patológico, concernente a violência contra mulheres que toma a sociedade, e da gravidade das condutas perpetradas contra as mulheres em razão desta condição, o direito penal mostra-se como uma alternativa para sanar essa patologia, seja estabelecendo tipo penais que atentem para essa situação, ou mesmo estabelecendo qualificadoras, agravantes e causas de aumento de pena que enquadrem a mulher como sujeito passivo próprio.

8.1   Femicídio e Feminicídio

Conceitua-se femicídio como qualquer homicídio praticado contra mulher, independente da circunstância. Já, feminicídio, conforme art. 121, §2°, VI, CP, é o homicídio praticado "contra mulher por razões das condições do sexo feminino"[111].

> O feminicídio passou a ser uma circunstância qualificadora do homicídio após a edição da Lei 13.104/2015, que alterou a redação do artigo 121 do Código Penal. Alterou também o artigo 1° da Lei 8.072/1990 para incluir o feminicídio no rol dos crimes hediondos.[112]

---

[111]   BRASIL. **Código Penal**. 1940. Disponível em: https://www.planalto.gov.br/ccivil_03/decreto-lei/del2848compilado.htm. Acesso em: 09 jul. 2023.

[112] JURISPRUDÊNCIA fortalece mecanismos legais de proteção à mulher. **Superior Tribunal de Justiça**. 2019. Disponível em: https://www.stj.jus.br/sites/portalp/Paginas/Comunicacao/Noticias/Jurispruden cia-fortalece-mecanismos-legais-de-protecao-a-mulher.aspx. Acesso em: 09 jul. 2023.

Com advento da criminalização do feminicídio enquanto qualificadora, o STJ foi provocado a se pronunciar sobre alguns aspectos, como a coexistência das qualificadoras do motivo torpe e feminicídio.

> É devida a incidência da qualificadora do feminicídio nos casos em que o delito é praticado contra mulher em situação de violência doméstica e familiar, possuindo, portanto, natureza de ordem objetiva, o que dispensa a análise do animus do agente. Assim, não há se falar em ocorrência de bis in idem no reconhecimento das qualificadoras do motivo torpe e do feminicídio, porquanto a primeira tem natureza subjetiva e a segunda, objetiva" (HC 440.945).[113]

É possível a coexistência das qualificadoras tendo em vista que o motivo torpe tem natureza subjetiva, enquanto o feminicídio tem natureza objetiva, trazendo a elementar normativa do tipo "razões da condição do sexo feminino"[114] (Art.121, §2°, VI, do Código Penal).

8.2 Aborto

No Brasil o aborto é permitido em apenas três casos: a) gravidez que gere risco à vida da gestante (art. 128, inc. I, do Código Penal); b) gravidez resultante de violência sexual (art. 128, inc. II, do Código Penal); c) e em situações de anencefalia fetal (ADPF n° 54), que serão discutidos a seguir.

8.2.1 Aborto Legal

Conforme o Ordenamento Jurídico Brasileiro o aborto é considerado legal se a gravidez resulta de estupro ou se coloca em risco a vida da gestante. Nestes dois casos, previstos no art. 128, inc. I e II do

---

[113] BRASIL. Superior Tribunal de Justiça. **Habeas Corpus Nº 440.945**. 2018. Disponível em: https://processo.stj.jus.br/processo/revista/documento/mediado/?componente=ITA&sequencial=1718482&num_registro=201800595570&data=20180611&formato=PDF. Acesso em: 09 jul. 2023.

[114] BRASIL. **Código Penal**. 1940. Disponível em: https://www.planalto.gov.br/ccivil_03/decreto-lei/del2848compilado.htm. Acesso em: 09 jul. 2023.

Código Penal, verifica-se que há plena viabilidade de vida do feto, logo, há objeto jurídico a ser tutelado, porém, diante de outros valores que também merecem tutela jurídica, o imperativo da proteção à vida é relativizado em detrimento do princípio da dignidade da pessoa humana, com objetivo de resguardar a integridade física e psicológica da gestante.

O *caput* do referido artigo evidencia uma das condições para a legalidade do procedimento, que é o procedimento ser realizada por médico, sendo criminalizado qualquer ato de aborto praticado de forma clandestina.

> Art. 128 - Não se pune o aborto praticado por médico:
> **Aborto necessário**
> I - se não há outro meio de salvar a vida da gestante;
> **Aborto no caso de gravidez resultante de estupro**
> II- se a gravidez resulta de estupro e o aborto é precedido de consentimento da gestante ou, quando incapaz, de seu representante legal.[115]

No inciso primeiro, encontra-se a previsão do aborto necessário, que ocorre quando não há outro meio para salvar a vida da gestante. Ora, não seria plausível exigir que a mulher sacrifique a sua vida em favor da vida potencial que traz dentro de si. Já no inciso segundo, encontra-se autorização para realização de aborto em caso de gravidez resultante de estupro. Denominado de aborto sentimental, ético ou humanitário, o direito penal se solidariza com a mulher vítima de estupro ao não exigir que ela carregue em seu ventre resultado de tamanha violência física, emocional e psicológica.[116]

Acerca do aborto sentimental, pondera Hungria: "(...) nada justifica que se obrigue a mulher a aceitar uma maternidade odiosa, que dê vida a um ser que lhe recordará, perpetuamente, o horrível episódio da violência sofrida."[117]

---

[115] BRASIL. **Código Penal**. 1940. Disponível em: https://www.planalto.gov.br/ccivil_03/decreto-lei/del2848compilado.htm. Acesso em: 10 out. 2023.

[116] SILVA, Ruan Lauriano da. **As hipóteses legais do aborto no Direito brasileiro**. JusBrasil, 2021. Disponível em: https://jus.com.br/artigos/90138/as-hipoteses-legais-do-aborto-no-direito-brasileiro. Acesso em: 02 jul. 2023.

[117] HUNGRIA, Nelson. **Comentários ao Código Penal**: Volume V, Artigos 121 a 136. 5° Ed. Rio de Janeiro: Forense. 2019, p. 312.

Conforme leciona Ruan Lauriano da Silva, ao tratar sobre o aborto nos casos de gravidez resultante de estupro:

> É evidente que o Legislador buscou a proteção do estado psicológico da gestante, evocando o princípio constitucional da dignidade da pessoa humana, e seguindo esse mesmo princípio, em 2012 o STF julgou procedente a ADPF número 54, para declarar a inconstitucionalidade da interpretação segundo a qual a interrupção da gravidez de feto anencefálico não se configura crime contra a vida (...).[118]

O provimento da ADPF n° 54 trouxe a possibilidade de interrupção terapêutica da gestação, representando em grande avanço na interpretação e aplicação do direito brasileiro em relação ao aborto, trazendo para o debate jurídico o direito à liberdade em seu sentido maior, objetivando resguardar a saúde física e psicológica da gestante, a preservação da autonomia da vontade, do direito de decidir sobre o próprio corpo, da legalidade e, acima de tudo, da dignidade da pessoa humana.

8.2.2 *Aborto em casos de anencefalia fetal (ADPF n° 54)*

Passados mais de oitenta anos da promulgação do Código Penal brasileiro, é possível o questionamento de muitos dos seus dispositivos. Há de se ressaltar que a vida é dinâmica, e que não só os usos e costumes evoluem, como também, a ciência e a tecnologia, devendo ser o texto de 1940 adaptado à realidade atual.[119]. É nessa toada que se deve enfrentar a situação do aborto de fetos anencéfalos.

Provocado a se manifestar, o Supremo Tribunal Federal na ADPF 54, ajuizada pela Confederação Nacional dos Trabalhadores na Saúde (CNTS), reconheceu que, diante da deformação irreversível do feto, impossibilitando a vida extrauterina, é possível a interrupção da gestação ou antecipação terapêutica do parto.

Segue Ementa do Acórdão:

---

[118] SILVA, Ruan Lauriano da. **As hipóteses legais do aborto no Direito brasileiro**. JusBrasil, 2021. Disponível em: https://jus.com.br/artigos/90138/as-hipoteses-legais-do-aborto-no-direito-brasileiro. Acesso em: 02 jul. 2023.

[119] BITENCOURT, Cezar Roberto. **Tratado de direito penal**: parte especial: dos crimes contra a pessoa. 12. ed. São Paulo: Saraiva. 2012.

> ESTADO – LAICIDADE. O Brasil é uma república laica, surgindo absolutamente neutro quanto às religiões. Considerações. FETO ANENCÉFALO – INTERRUPÇÃO DA GRAVIDEZ – MULHER – LIBERDADE SEXUAL E REPRODUTIVA – SAÚDE – DIGNIDADE – AUTODETERMINAÇÃO – DIREITOS FUNDAMENTAIS – CRIME – INEXISTÊNCIA. Mostra-se inconstitucional interpretação de a interrupção da gravidez de feto anencéfalo ser conduta tipificada nos artigos 124, 126 e 128, incisos I e II, do Código Penal. (ADPF 54, Relator(a): MARCO AURÉLIO, Tribunal Pleno, julgado em 12/04/2012, ACÓRDÃO ELETRÔNICO DJe-080 DIVULG 29-04-2013 PUBLIC 30-04-2013 RTJ VOL-00226-01 PP-00011).[120]

No caso da ADPF os mesmos bens jurídicos tutelados pelas hipóteses vigentes de aborto legal são invocados e, o que é mais relevante, sem o sacrifício da vida do feto, já sabe-se não haver possibilidade de vida extrauterina.

Em seu voto o Ministro Gilmar Mendes considerou a interrupção da gravidez de feto anencefálo como uma hipótese legal de aborto, mas reiterou seu entendimento de que, comprovado que a gestação de feto anencefálo é perigosa à saúde da gestante, a situação já estaria compreendida como causa de excludente de ilicitude pelo estado de necessidade (Art. 23, I, Código Penal).[121]

Por sua vez, o Ministro Marco Aurélio Mello salientou que:

> Os tempos atuais, realço, requerem empatia, aceitação, humanidade e solidariedade para com essas mulheres. (...) somente aquela que vive tamanha situação de angústia é capaz de mensurar o sofrimento a que se submete. Atuar com sapiência e justiça, calcados na Constituição da República e desprovidos de qualquer dogma ou paradigma moral e religioso, obriga-nos a garantir, sim, o direito da mulher de

---

[120] BRASIL. Supremo Tribunal Federal. **Arguição de Descumprimento de Preceito Fundamental n° 54.** ADPF 54, Relator(a): Marco Aurélio, Tribunal Pleno, julgado em 12/04/2012, Acórdão Eletrônico DJe-080 Divulg 29-04-2013 Public 30-04-2013 RTJ Vol-00226-01 PP-00011. 2012c, p.1. Disponível em: https://sbdp.org.br/wp/wpcontent /uploads/2018/03/ADPF54Ementaac%C3%B3rd%C3% A3o- extrato-da-ata-e-relat%C3%B3rio.pdf. Acesso em: 28 ago. 2022.

[121] BRASIL. Supremo Tribunal Federal. **ADPF 54 é julgada procedente pelo ministro Gilmar Mendes**. JusBrasil, 2012a. Disponível em: https://stf.jusbrasil.com.br/noticias /3085273/adpf-54-e-julgada-procedente-pelo-ministro-gilmar-mendes. Acesso em: 02 jul. 2023.

> manifestar-se livremente, sem o temor de tornar-se ré em eventual ação por crime de aborto.[122]

Mesmo antes do provimento da ADPF seria possível entender que havendo comprovação médica da inviabilidade de vida extrauterina por ser o feto anencéfalo, a conduta da gestante ao abortar nessa situação não deve ser criminalizada, pois, conforme art. 17 do Código Penal, se estaria diante de um crime impossível por absoluta impropriedade do objeto, tratando-se de uma excludente de tipicidade, haja vista que as manobras abortivas recairiam sobre um objeto sem vida.[123]

Esse entendimento tem fundamento jurídico no art. 3º da Lei 9.434/97, que dispõe sobre a remoção de órgãos, tecidos e partes do corpo humano para fins de transplante e tratamento. Este dispositivo legal compreende que a morte ocorre com a cessação da atividade encefálica, logo, como o feto anencéfalo carece desta atividade, para o Direito jamais viveu, havendo impropriedade absoluta do objeto, o que conduz a configuração do crime impossível.[124]

Cabe ressaltar que mesmo nos casos em que a interrupção da gravidez é permitida, verifica-se um grande esforço dos conservacionistas e até mesmo do Poder Judiciário para impedir o pleno direito ao aborto, sendo um verdadeiro empecilho para a efetivação dos direitos reprodutivos das mulheres. No segundo trimestre do ano de 2022 quatro entidades ingressaram com uma Arguição de Descumprimento de Preceito Fundamental (ADPF 989) buscando que o STF determine a adoção de providências para assegurar a realização do aborto nas hipóteses permitidas pelo Código Penal e nos casos de gestação de fetos anencéfalos. Segundo as entidades a proteção atribuída às mulheres e meninas vítimas de estupro que precisam interromper a gestação é

---

[122] BRASIL. Supremo Tribunal Federal. **Arguição de Descumprimento de Preceito Fundamental nº 54.** Relator: Ministro Marco Aurélio. Distrito Federal, 12 de abril de 2012. 2012b, p.69. Disponível em: https://www.migalhas.com.br/arquivos/2015 /6/art20150603-07.pdf. Acesso em: 02 jul. 2023.

[123] VIEIRA SEGUNDO, Luiz Carlos Furquim. **Aborto do feto anencéfalo.** IBDFam, 2009. Disponível em: https://ibdfam.org.br/artigos/500/O+Aborto+do+feto+anenc %C3%A 9falo. Acesso em: 02 jul. 2023.

[124] VIEIRA SEGUNDO, Luiz Carlos Furquim. **Aborto do feto anencéfalo.** IBDFam, 2009. Disponível em: https://ibdfam.org.br/artigos/500/O+Aborto+do+feto+anenc %C3%A 9falo. Acesso em: 02 jul. 2023.

insuficiente e caracteriza uma segunda violência, desta vez por parte do Estado.[125]

8.2.3 Crime de aborto no Código Penal (Art. 124 a 126 do CP)

A regra no Ordenamento Jurídico Brasileiro é a punição do aborto, determinada na legislação brasileira as seguintes circunstâncias como típicas:

> **Aborto provocado pela gestante ou com seu consentimento**
> Art. 124 - Provocar aborto em si mesma ou consentir que outrem lho provoque: (...)
> **Aborto provocado por terceiro**
> Art. 125 - Provocar aborto, sem o consentimento da gestante:(...)
> Art. 126 - Provocar aborto com o consentimento da gestante: (...).[126]

Se faz necessário ponderar que o aborto pode ocorrer de forma (I) natural, livre de qualquer vontade de interromper a gestação; (II) acidental, decorrente de causas exteriores e traumáticas; (III) culposa, decorrente de uma conduta imprudente, negligente ou imperita; ou (IV) provocada, decorrente de uma conduta, voltada direta ou indiretamente para promover a interrupção da gravidez.

No que toca ao aborto em sua modalidade dolosa, preceitua Fernanda Ciardo:

> Aborto doloso: é realizado pela própria gestante, ou por terceiro com ou sem seu consentimento (artigos 124 a 126). O dolo é a vontade livre e consciente de interromper a gravidez

---

[125] SUPREMO TRIBUNAL FEDERAL. **Associações pedem que STF garanta possibilidade de aborto nas hipóteses previstas em lei.** Portal STF, 2022. Disponível em: https://portal.stf.jus.br/noticias/erNotic iaDetalhe.asp?idConteudo=4 89865&ori=1. Acesso em: 28 ago. 2022.
[126] BRASIL. **Código Penal.** 1940. Disponível em: https://www.planalto.gov.br/ccivil_03/decreto-lei/del2848compilado.htm. Acesso em: 10 out. 2023.

com a eliminação do produto da concepção ou com a assunção do risco de provocá-lo.[127]

Considerando o conceito analítico de crime, há necessidade de voluntariedade na conduta do agente para que seja culpável,[128] assim, a conduta que interessa do ponto de vista jurídico penal é a conduta humana que de forma dolosa age com o intuito de interromper a gravidez, provocando a morte do nascituro.[129]

Apesar da proibição legal, estima-se que no ano de 2008 eram realizados no Brasil dois abortos por minuto, e geralmente em condições precárias, devido à sua clandestinidade.[130] Segundo a Pesquisa Nacional sobre Aborto, realizada pela última vez no ano de 2016, verificou-se que no Brasil aos 39 anos de idade uma em cada cinco mulheres já fez ao menos um aborto. Somente no ano de 2015 estima-se que foram realizados aproximadamente 503 mil procedimentos ilegais.[131]

De fato, a mulher que está decidida a realizar o aborto não deixa de praticá-lo em razão da proibição legal, nem pela necessidade de recorrer a clandestinidade, apresenta-se claro que a criminalização da conduta não atende a finalidade da norma que consiste na prevenção e

---

[127] CIARDO, Fernanda. **Do Aborto** - Artigo 124 a 128 do Código Penal. JusBrasil, 2015. Disponível em: https://ferciardo.jusbrasil.com.br/artigos/177420435/do-aborto-artigo-124-a-128-do-codigo-penal. Acesso em: 02 jul. 2023.

[128] BRAGA, Leonora Priscilla Mollas. **Teorias do Crime**: Análises e Reflexões. JusBrasil, 2018. Disponível em: https://leonorapmb.jusbrasil.com.br/artigos/587665863/teorias-do-crime. Acesso em: 02 jul. 2022.

[129] ROSA, Emanuel Motta da. **O crime de aborto e o tratamento penal**. JusBrasil, 2014. Disponível em: https://emanuelmotta.jusbrasil.com.br/artigos/139263291/o-crime-de-aborto-e-o-tratamento-penal. Acesso em: 02 jul. 2023.

[130] GONÇALVES, Tamara Amoroso, Coord.; LAPA, Thaís de Souza. **Aborto e religião nos tribunais brasileiros**. São Paulo: Instituto para a Promoção da Equidade, 2008. Disponível em: http://www.clam.org.br/publique/media/DocumentoAborto_religiao .pdf. Acesso em: 13 jul. 2023.

[131] DINIZ, Debora; MEDEIROS, Marcelo; MADEIRO, Alberto. **Pesquisa Nacional de Aborto 2016**. Ciência e Saúde Coletiva, 22 (2), fevereiro de 2017. Disponível em: https://doi.org/10.1590/1413-81232017222.23812016. Acesso em: 02 abr. 2024.

reiteração de condutas criminosas e proteger bens jurídicos relevantes. Quanto a criminalização do aborto, pondera-se que:

> Por um lado não é capaz de diminuir o número de abortos e, por outro, impede que as mulheres busquem o acompanhamento e a informação de saúde necessários para que seja realizado de forma segura ou para planejar sua vida reprodutiva a fim de evitar um segundo evento desse tipo.[132]

O Partido Socialismo e Liberdade (PSOL), ajuizou em março de 2017 a Arguição de Descumprimento de Preceito Fundamental (ADPF) 442, em face de alegada controvérsia constitucional relevante acerca da recepção dos artigos 124 e 126 do Código Penal.[133] A referida Arguição se propõe a interpretar conforme à Constituição os mencionados artigos, entendendo pela inconstitucionalidade da criminalização do aborto e propondo a limitação temporal de até a décima segunda semana de gestação para a realização do procedimento.

A ADPF em questão tem como finalidade precípua resguardar a saúde e a integridade física da mulher. Até o momento não há previsão para seu julgamento perante o STF. Embora existam muitos grupos que busquem a descriminalização, também existe forte pressão contrária, originária principalmente de grupos religiosos e de movimentos conservacionistas.

Para além dos tipos penais relacionados ao aborto, há uma discussão acerca da legalização do aborto, tema esse que será tratado no tópico: "Mulher e Família".

---

[132] DINIZ, Debora; MEDEIROS, Marcelo; MADEIRO, Alberto. **Pesquisa Nacional de Aborto 2016**. Ciência e Saúde Coletiva, 22 (2), fevereiro de 2017, on-line. Disponível em: https://doi.org/10.1590/1413-81232017222.23812016. Acesso em: 02 abr. 2024.

[133] BRASIL. Supremo Tribunal Federal. **Partido questiona no STF artigos do Código Penal que criminalizam aborto.** 2017. Disponível em: https://portal.stf.jus.br/noticias/verNoticiaDetalhe.asp?idCo nteudo=337860&ori=1#:~:text=O%20Partido%20Socialismo%20e%20Liberda de,Penal%20pela%20Constitui%C3%A7%C3%A3o%20da%20Rep%C3%BA blica. Acesso em: 30 mar. 2024.

8.3   Lesão Corporal qualificada pela Violência Doméstica

A figura da Lesão Corporal circunstanciada pela Violência Doméstica foi incluída no Código Penal pela Lei 10.866/2004, com o objetivo de conferir tratamento diferenciado para a conduta de lesão corporal praticada no contexto doméstico ou familiar.

A redação do §9°, do artigo 129, do Código Penal, é dado pela Lei 11.340/06, também conhecida como Lei Maria da Penha, trazendo a seguinte redação:

> Art. 129. Ofender a integridade corporal ou a saúde de outrem.
> § 9° Se a lesão for praticada contra ascendente, descendente, irmão, cônjuge ou companheiro, ou com quem conviva ou tenha convivido, ou, ainda, prevalecendo-se o agente das relações domésticas, de coabitação ou de hospitalidade:
> Pena - detenção, de 3 (três) meses a 3 (três) anos.[134]

Observa-se que a qualificadora dá-se em razão da violência ter sido praticada no âmbito da convivência doméstico-familiar, sendo aplicada independentemente do sexo da vítima, portanto, não se trata de uma norma que busca conferir tutela diferenciada ao sexo feminino, mas se reocupa primariamente com a ambiência familiar do crime e seus membros, sanguíneos ou não.

Ainda hoje um considerável percentual de lesões corporais registradas tem como cenário o ambiente doméstico-familiar, praticado contra uma parcela da população que historicamente sofre e continua sofrendo abusos no cenário doméstico: mulheres, crianças, adolescentes e idosos.[135] Devido a proximidade espacial o agente se vale das circunstâncias increntes à relação familiar para manter e ocultar a violência doméstica, o vínculo afetivo é um verdadeiro impasse para as denúncias, ligado ainda a dificuldade na produção de provas. Por tais

---

[134]   BRASIL. **Código Penal**. 1940. Disponível em: https://www.planalto.gov.br/ccivil_03/decreto-lei/del2848compilado.htm. Acesso em: 10 out. 2023.
[135] ROSA, Emanuel Motta. **Lesão corporal circunstanciada pela violência doméstica**. JusBrasil, 2015. Disponível em: https://www.jusbrasil.com.br/artigos/lesao-corporal-circunstanciada-pela-violencia-domestica/135520622. Acesso em: 13 jan. 2024.

motivos a lei penal confere tratamento jurídico-penal mais severo para o crime em questão.

8.4   Lesão Corporal qualificada pela condição do sexo feminino

A Lei 14.188/21 incluiu o §13, ao artigo 129, do Código Penal, criando uma nova qualificadora quando "a lesão for praticada contra a mulher, por razões da condição do sexo feminino, nos termos do § 2º-A do art. 121 deste Código."[136], com pena cominada de "reclusão, de 1 (um) a 4 (quatro anos)."[137]

Cabe destacar que essa qualificadora se aplica apenas aos casos de lesões corporais leves, conforme art. 1º da Lei 14.188/21, vez que, para lesões graves, gravíssimas ou seguidas de morte há apenações mais rigorosas.

É correto afirmar que a qualificadora se destina a coibir especialmente a chamada "violência de gênero" contra a mulher, trazendo consigo a elementar normativa que a lesão corporal deve ocorrer "em razão da condição do sexo feminino". Verifica-se o contexto de violência de gênero quando as agressões ocorrerem "em situações que o agressor agrida a mulher numa atitude de exercício de um suposto "direito de posse" ou de "domínio pleno" sobre a vítima."[138]

Infere-se do dispositivo legal que não é suficiente que uma mulher seja o sujeito passivo da agressão, mas deve-se verificar o dolo específico do agente que a agressão tenha por motivação a violência de gênero, o menosprezo ou a discriminação à condição de mulher.

Vale ressaltar que a lesão corporal leve qualificada prevista no §9º, do art. 129, do Código Penal, pode ter como sujeito passivo qualquer

---

[136]   BRASIL. **Código Penal**. 1940. Disponível em: https://www.planalto.gov.br/ccivil_03/decreto-lei/del28   48compilado.htm. Acesso em: 10 out. 2023.

[137]   BRASIL. **Código Penal**. 1940. Disponível em: https://www.planalto.gov.br/ccivil_03/decreto-lei/del2848compilado.htm. Acesso em: 10 out. 2023.

[138] CABETTE, Eduardo Luiz Santos. **Lesão corporal por misoginia ou violência doméstica contra a mulher.** Editora JusPodivm, 2022, on-line. Disponível em: https://meusitejuridico.editorajuspodivm. com.br/20 22/04/25/ lesao-corporal-por-misoginia-ou-violencia-domestica-contra-a-mulher/. Acesso em: 13 jan. 2024.

pessoa, ao contrário da lesão corporal leve qualificada prevista no §13, que somente pode ter como vítima a mulher agredida em razão da condição do sexo feminino

8.5   Assédio Sexual

O artigo 216-A foi acrescentado ao Código Penal pela Lei nº 10.224/09 positivando o Crime de Assédio Sexual, com a seguinte redação:

> Art. 216-A. Constranger alguém com o intuito de obter vantagem ou favorecimento sexual, prevalecendo-se o agente da sua condição de superior hierárquico ou ascendência inerentes ao exercício de emprego, cargo ou função.
> Pena – detenção, de 1 (um) a 2 (dois) anos.[139]

Analisando o tipo penal, verifica-se a existência de três elementos para a configuração do crime: (i) a conduta de constranger outrem; (ii) a finalidade de obter vantagem ou favorecimento sexual; (iii) e o agente valer-se da sua condição de superior hierárquico ou de ascendência inerentes ao exercício do emprego, cargo ou função.

O tipo penal trás o verbo "constranger" logo:

> Necessário evidenciar a necessidade de não aceitação pela vítima da investida sexual (ou seja, trata-se de um ato unilateral), pois caso haja consentimento se configuraria um flerte ou paquera. A proibição a qual a lei faz referência encontra-se em abusar ou prevalecer da relação de trabalho para obter vantagens sexuais, razão pela qual, havendo desejo de ambas as partes a conduta não é punida.[140]

Podem ser vítimas de assédio sexual tanto homens quanto mulheres, entretanto devido a fatores sociais e de gênero, a consolidada

---

[139]   BRASIL. **Código Penal**. 1940. Disponível em: https://www.planalto.gov.br/ccivil_03/decreto-lei/del2848compilado.htm. Acesso em: 10 out. 2023.

[140] PEREIRA, Sarah Batista Santos. **Assédio Sexual no Ambiente de Trabalho**: Uma análise à luz dos direitos das mulheres. Seattle: Independently Published. 2022, p. 41.

estrutura social patriarcal e a busca pela satisfação sexual no corpo feminino, colocam a mulher como principal vítima do assédio sexual.

Conforme Rosemari Pedrotti de Ávila e Sérgio Augustin:

> É preciso evidenciar que, em qualquer das espécies de assédio sexual, a mulher é a mais atingida, constituindo-se em "vítima preferencial dessa conduta discriminatória, agressiva a sua integridade, intimidade e dignidade de pessoa humana", capaz de provocar danos físicos e psíquicos cujas consequências devastadoras repercutem a vida laboral da mulher e os resultados econômicos da empresa.[141]

Cabe ressaltar que o tipo penal visa proteger a liberdade sexual nas relações laborais, educacionais, médicas, odontológicas, enfim, qualquer relação que exista hierarquia e ascendência,[142] punindo o constrangimento realizado pelo superior que força, compele ou obriga a vítima a praticar determinada conduta sexual para sua satisfação.

8.6 Agravantes

Atentando-se para condição de vulnerabilidade da mulher o art. 61, II, f, do Código Penal, traz uma agravante genérica para as situações em que o agente venha a cometer o crime "com abuso de autoridade ou prevalecendo-se de relações domésticas, de coabitação ou de hospitalidade, ou com violência contra a mulher na forma da lei específica"[143] desde que está circunstancia não qualifique o tipo.

Não é pacífico o entendimento sobre a possibilidade de aplicação da qualificadora aos delitos que já estão na ambiência da violência de

[141] ÁVILA, Rosemari Pedrotti de; AUGUSTIN, Sérgio. **Assédio sexual nas relações de trabalho**: agressão a direitos fundamentais. Rev. Disc. Jur, Campo Mourão, v.3, n.1, p. 102-113, jan./jul. 2007, p.109. Disponível em: http://www.dhnet.org.br/direitos/novosdireitos/assediosexual/pedroti_assedio_s exual _agressao_direitos.pdf. Acesso em: 30 jun. 2020.

[142] SOUZA, Cecília de Mello e; ADESSE, Leila. **Violência sexual no Brasil**: perspectivas e desafios. 2005. Brasília: Secretaria Especial de Políticas para as Mulheres, 2005. Disponível em: http://livros01.livrosgrat is.com.br/br000029.pdf. Acesso em: 12 jul. 2020.

[143] BRASIL. **Código Penal**. 1940. Disponível em: https://www.planalto.gov.br/ccivil_03/decreto-lei/del2848compilado.htm. Acesso em: 02 abr. 2024.

gênero ou doméstico-familiar. A Terceira Seção do Superior Tribunal de Justiça no ano de 2023 afetou três recursos especiais de relatoria do desembargador convocado Jesuíno Rissato (Tema 1.197), para discutir se a aplicação da agravante do art. 61, II, f, do Código Penal, em conjunto com as disposições da Lei Maria da Penha (Lei 11.340/2006), configuraria bis in idem.[144]

No mesmo sentido, há controvérsia submetida a julgamento no Superior Tribunal de Justiça, cadastrada como Tema 1.215, para definir se nos crimes praticados contra a dignidade sexual configura bis in idem a aplicação simultânea da agravante genérica do art. 61, II, "f", e da majorante específica do art. 226, II, do Código Penal.[145]

---

[144] BRASIL. **Repetitivo discute se agravante prevista no Código Penal pode ser aplicada em conjunto com a Lei Maria da Penha**. STJ.JUS, 09/06/2023. Disponível em: https://www.stj.jus.br/sites/portalp/Paginas/Comunicacao/Noticias/2023/09062023-Repetitivo-discute-se-agravante-prevista-no-Codigo-Penal-pode-ser-aplicada-em-conjunto-com-a-Lei-Maria-da-Penha.aspx. Acesso em: 02 abr. 2024.

[145] BRASIL. **Tema 1.215 - Repetitivo vai definir se aplicação de agravante genérica e majorante específica em crime sexual é bis in idem**. Portal do conhecimento. TJRJ.JUS. Disponível em: https://www.tjrj.jus.br/web/portal-conhecimento/noticias/noticia/-/visualizar-conteudo/5736540/3166957 51. Acesso em: 02 abr. 2024.

9   MULHER E DIREITOS CIVIS

O Direito Civil é um ramo do direito privado, que trata do conjunto normas que regulam os direitos e obrigações das pessoas físicas e jurídicas nas suas relações patrimoniais, familiares e obrigacionais. Em razão de se regular relações entre particulares o pressuposto básico é que haja igualdade de condições entre as partes.

Em regra, todas as pessoas possuem capacidade de fato, ou seja, aptidão para praticar pessoalmente, por si só, os atos da vida civil. Todavia a lei, excepcionalmente, pode determinar casos de incapacidade, seja absoluta ou relativamente, que deveriam ter respaldo social, psíquico e biológico, a título de exemplo a menoridade civil.

A despeito de ser uma situação excepcional, o sistema patriarcal impõe um papel secundário a mulher, a ponto de que o Código Civil de 1916, considerava o homem capaz e a mulher casada relativamente incapaz para o exercício da vida civil, situação que perdura até ser considerada inconstitucional pós Constituição de 1934. Desse modo, à época, a mulher ficava impedida de livremente contratar, necessitando de assistência.

No Código Civil de 2002 inexiste incapacidades impostas exclusivamente a mulher, em razão desta condição.

Ainda em outros campos do direito civil tem havido inovações em prol da mulher.

9.1   Responsabilidade Civil decorrente da violência contra a mulher

Em matéria de responsabilidade civil: obrigação de reparar dano, ou seja, a "violação a um interesse, patrimonial ou existencial, concretamente merecedor de tutela jurídica, entendido como aquele que historicamente foi construído por uma comunidade política como digno de proteção".[146]

---

[146] BONNA, Alexandre Pereira; SOUZA, Luanna Tomaz; LEAL, Pastora do Socorro Teixeira. Reflexões sobre o dano moral em casos de violência doméstica cometida contra a mulher a partir do Recurso Especial Repetitivo n.

Nesse contexto, "a obrigação de indenizar danos morais no âmbito da violência cometida contra a mulher, além de se beneficiar de todo o arsenal de bens existenciais previstos na Constituição e outras leis, possui um arcabouço de bens descritos na própria Lei Maria da Penha".[147]

Assim, é possível identificar como bens jurídicos tutelados no caso de violência doméstica:

> O Superior Tribunal de Justiça – sob a influência dos princípios da dignidade da pessoa humana (CF, art. 1º, III), da igualdade (CF, art. 5º, I) e da vedação a qualquer discriminação atentatória dos direitos e das liberdades fundamentais (CF, art. 5º, XLI). (...). Refutar, com veemência, a violência contra as mulheres implica defender sua liberdade (para amar, pensar, trabalhar, se expressar), criar mecanismos para seu fortalecimento, ampliar o raio de sua proteção jurídica e otimizar todos os instrumentos normativos que de algum modo compensem ou atenuem o sofrimento e os malefícios causados pela violência sofrida na condição de mulher.[148]

A supracitada obrigação de indenizar pode decorrer de determinação do juízo criminal ou cível, uma vez que o art. 387, IV, CPP determina que o juiz ao fixar a sentença condenatória deve fixar um valor mínimo para reparação dos danos causados pela infração, considerando os prejuízos sofridos pelo ofendido.[149]

Nesse mesmo sentido o Tema 983 do Superior Tribunal de Justiça:

1.675.874/MS. **Revista IBERC**, Belo Horizonte, v. 1, n. 1, p. 1–28, 2019. Disponível em: https://revistaiberc.responsabilidadecivil.org/iberc/article/view/13. Acesso em: 29 jun. 2023.

[147] BONNA, Alexandre Pereira; SOUZA, Luanna Tomaz; LEAL, Pastora do Socorro Teixeira. Reflexões sobre o dano moral em casos de violência doméstica cometida contra a mulher a partir do Recurso Especial Repetitivo n. 1.675.874/MS. **Revista IBERC**, Belo Horizonte, v. 1, n. 1, p. 1–28, 2019. Disponível em: https://revistaiberc.responsabilidadecivil.org/iberc/article/view/13. Acesso em: 29 jun. 2023.

[148] BRASIL. Superior Tribunal de Justiça. **REsp 1.643.051/MS**, Rel. Ministro ROGERIO SCHIETTI CRUZ, TERCEIRA SEÇÃO. 2018.

[149] BRASIL. **Código de Processo Penal**. 1941. Disponível em: https://www.planalto.gov.br/ccivil_03/decreto-lei/del3689.htm. Acesso em: 29 jun. 2023.

> Nos casos de violência contra a mulher praticados no âmbito doméstico e familiar, é possível a fixação de valor mínimo indenizatório a título de dano moral, desde que haja pedido expresso da acusação ou da parte ofendida, ainda que não especificada a quantia, e independentemente de instrução probatória.[150]

A fixação de um valor mínimo de indenização no juízo criminal é um avanço, na medida em que, muitas vezes "as mulheres estavam em situação econômica desfavorável e tinha seus pertences destruídos, sofriam graves abalos físicos e psicológicos, precisavam deixar seu emprego e sua casa para se esconder e não tinha nenhuma forma de recompor este prejuízo para recomeçar a sua vida".[151] E nada obsta que se discuta o valor na esfera cível.

Em linhas gerais o instituto da responsabilidade civil mostra-se importante no combate à violência contra as mulheres, pois além de propiciar uma compensação da mulher por todas as violações sofridas (função reparatória), também funciona como um desestímulo a condutas graves (função educativa).

9.2 Direitos Reais na perspectiva das mulheres

Direito Reais correspondem a um conjunto de regras e normas que disciplinam uma relação jurídica entre pessoas, com base nos seus bens. Alguns direitos reais possuem especial importância em se considerando a situação econômica desfavorável das mulheres em comparação aos homens, em decorrência do sistema patriarcal.

---

[150] BRASIL. Superior Tribunal de Justiça. **Tema 983.** Disponível em: https://processo.stj.jus.br/repetitivos/temas_repetitivos/pesquisa.jsp?novaCons ulta=true&tipo_pesquisa=T&cod_tema_inicial=983&cod_tema_final=983. Acesso em: 29 jun. 2023.

[151] BONNA, Alexandre Pereira; SOUZA, Luanna Tomaz; LEAL, Pastora do Socorro Teixeira. Reflexões sobre o dano moral em casos de violência doméstica cometida contra a mulher a partir do Recurso Especial Repetitivo n. 1.675.874/MS. **Revista IBERC**, Belo Horizonte, v. 1, n. 1, p. 1–28, 2019. Disponível em: https://revistaiberc.responsabilidadecivil.org/iberc/article/view/13. Acesso em: 29 jun. 2023.

9.2.1 Direito à Propriedade

Direito de Propriedade corresponde ao direito de usar, gozar e dispor de bem próprio, seja móvel ou imóvel.

Especialmente no que toca a propriedade de bem imóveis faz-se importante compreender as possibilidades da mulher se tornar proprietária no decorrer da história.

Por séculos as mulheres sequer podiam ocupar funções remuneradas de modo que não podiam comprar imóveis por elas mesmas, assim a "literatura tem demonstrado que desde o período colonial a principal forma de acesso à propriedade da terra pela mulher tem sido através de herança de cônjuge, pais ou avós.".[152] Isso, apesar de haver historicamente uma preferência ao homem na herança. E inclusive na esfera pública há um viés masculino como em programas estatais de distribuição de terras. [153]

Aprimoramentos legais têm dado maior acesso a terra às mulheres, seja por intermédio de normas de direito sucessório que prezam pela efetiva igualdade entre os gêneros, ou mesmo por ações estatais.

Nesse sentido, atualmente cresce o número de mulheres titulares de terra de reforma agrária.[154]

---

[152] FINDLAY, Eleide Abril Gordon. O direito sucessório luso-brasileiro e o acesso da mulher a propriedade. **30º Simpósio Nacional de História (SNH).** 2019. p. 1. Disponível em: https://www.snh2019.anpuh.org/resources/anais/8/1564603751_ARQUIVO_O DIREITOSUCESSORIOLUSO-BRASILEIRO.pdf. Acesso em: 30 jun. 2023.

[153] FINDLAY, Eleide Abril Gordon. O direito sucessório luso-brasileiro e o acesso da mulher a propriedade. **30º Simpósio Nacional de História (SNH).** 2019. Disponível em: https://www.snh2019.anpuh.org/resources/anais/8/1564603751_ARQUIVO_O DIREITOSUCESSORIOLUSO-BRASILEIRO.pdf. Acesso em: 30 jun. 2023.

[154] ASSOCIAÇÃO DOS NOTÁRIOS E REGISTRADORES DO BRASIL. Cresce o número de mulheres titulares de terra da reforma agrária. **Associação dos Notários e Registradores do Brasil**. 2012. Disponível em: https://www.anoreg.org.br/site/cresce-o-numero-de-mulheres-titulares-de-terra-da-reforma-agraria/. Acesso em: 30 jun. 2023.

9.2.2 Direito de Habitação

O direito de habitação, previsto no art. 1.831, CC, corresponde a concessão do uso, para fins de habitação, de imóvel utilizado como residência familiar pelo cônjuge ou companheiro sobrevivente. Salienta-se que é aplicável tanto a homens como às mulheres.[155]

Mas, "o direito real de habitação foi originalmente concebido sobretudo para garantir à viúva – que figura como beneficiária, na maioria dos casos – a moradia de forma vitalícia e em condições dignas juntamente aos seus familiares".[156]

Há uma controvérsia doutrinária que paira sobre o tema do direito real de habitação referente a sua cessação ou não em decorrência de um novo casamento. A favor, argumenta-se que como novo casamento o cônjuge supérstite demonstraria que possui condições econômico-financeiras para fornecer a mínima subsistência para a família que se formou. Contrariamente, argumenta-se que no Código Civil de 2002 houve a supressão do disposto do art. 1.611, §1º, CC/1916, que por sua vez determina expressamente que cessada a viuvez, seja via morte ou celebração de novo casamento, cessava-se o direito ao usufruto; portanto a não expressão literal de hipótese de cessação era intenção do legislador.[157]

---

[155] BRASIL. **Código Civil**. 2002. Disponível em: https://www.planalto.gov.br/ccivil_03/leis/2002/l10406compilada.htm. Acesso em: 30 jun. 2023.

[156] CUNHA, Leandro Barbosa da. O novo casamento contraído pela viúva e suas implicações ao direito real de habitação: entre a liberdade para amar e o eterno luto ao falecido. **IBERC.** 2022. Disponível em: https://ibdfam.org.br/artigos/1788/O+novo+casamento+contraído+pela+viúva+e+suas+implicações+ao+direito+real+de+habitação%3A+entre+a+liberdade+para+amar+e+o+eterno+luto+ao+falecido. Acesso em: 30 jun. 2023.

[157] CUNHA, Leandro Barbosa da. O novo casamento contraído pela viúva e suas implicações ao direito real de habitação: entre a liberdade para amar e o eterno luto ao falecido. **IBERC.** 2022. Disponível em: https://ibdfam.org.br/artigos/1788/O+novo+casamento+contraído+pela+viúva+e+suas+implicações+ao+direito+real+de+habitação%3A+entre+a+liberdade+para+amar+e+o+eterno+luto+ao+falecido. Acesso em: 30 jun. 2023.

9.3 Direitos sucessórios e a mulher

Frisa-se que historicamente a herança tem sido a principal forma de acesso da mulher à terra, denotando a importância do direito sucessório na luta por direitos pelas mulheres.

Também pode haver direitos sucessórios entre cônjuges, todavia historicamente o cônjuge ocupava posição desprestigiada na ordem de vocação hereditária, sendo que somente advento da Lei Feliciano Pena em 1907, que o cônjuge passou a ocupar posição relativamente significativa na ordem de vocação hereditária, foi colocado em terceiro lugar, preferindo aos colaterais, regra essa que se repetiu no Código Civil de 1916. E só houve significativo aprimoramento no Código Civil de 2002 que elevou o cônjuge à condição de herdeiro necessário, em concorrência com os componentes das duas primeiras classes preferenciais, quais sejam descendentes e ascendentes. Desse modo é possível ao cônjuge concorrer com descendentes em determinados regimes de bens, (salvo, nas hipóteses de casamento nos regimes da comunhão universal, da separação obrigatória, ou no regime da comunhão parcial, se não houver bens particulares).[158]

Uma ordem hereditária que desprestigia o cônjuge é um problema para a mulher, sobretudo à época, em havia pouca inserção da mulher no mercado de trabalho, pois não poderia garantir o seu próprio sustento. De igual modo, também era um problema para a mulher o não reconhecimento da união estável, a qual fora admitida expressamente no art. 226, §3º, CF, pois não lhes eram assegurados direitos sucessórios na condição de companheira.

---

[158] FOZ, Marcela Gonçalves. Breves apontamentos históricos sobre o direito sucessório do cônjuge e do companheiro. **Migalhas.** 2014. Disponível em: https://www.migalhas.com.br/depeso/201513/breves-apontamentos-historicos-sobre-o-direito-sucessorio-do-conjuge-e-do-companheiro. Acesso em: 03 jul. 2023.

10   MULHER E FAMÍLIA

Para o sistema patriarcal, há uma forma tradicional de família, sendo o pai a figura central, na companhia da esposa, e dos filhos. Configuração esse corroborada pela religião, notadamente o cristianismo, que considera aceitáveis somente as relações afetivas decorrentes do casamento entre um homem e uma mulher.[159]

Apesar do sistema patriarcal ainda perdurar, alguns avanços legislativos como o reconhecimento da igualdade entre homens e mulheres na direção da família levaram a mudanças significativas para a redefinição da família.

Em 1979, as Nações Unidas firmaram a Convenção Sobre a Eliminação de Todas Formas de Discriminação Contra a Mulher, na parte IV do referido tratado, trata-se dos direitos civis relativos à igual capacidade de mulheres e homens para firmar contratos, administrar bens, escolher domicílio, bem como dispõe sobre direitos no âmbito de família. Tal Convenção foi assinada em 1984 pelo Brasil com reservas em relação ao artigo 16, uma vez que o Código Civil de 1916, à época vigente, não reconhecia a igualdade entre os marido e mulher, dando ao homem a chefia da sociedade conjugal. Com advento da Constituição de 1988 que dispõe no art. 226, §3º, acerca da igualdade entre homens e mulheres na família, o Brasil pode finalmente ratificar integralmente o supracitado tratado.[160]

O Código Civil de 1916 estava em descompasso com a Constituição de 1988, assim a carta magna "teve o efeito de revogar praticamente todo o capítulo sobre família do Código Civil Brasileiro".

---

[159] C. Ivone M; SOUZA, Coelho de; DIAS Maria Berenice. Mulher e família, uma relação de causa e consequência. **IBDFAM.** 2021. Disponível em: https://ibdfam.org.br/artigos/25/Mulher+e+família,+uma+relação+de+causa+e +conseqüência. Acesso em: 28 jun. 2023.

[160] BARSTED, Leila Linhares; GARCEZ, Elizabeth. A Legislação Civil Sobre Família No Brasil. *In:* BARSTED, Leila Linhares, HERMANN, Jacqueline. **As mulheres e os direitos civis**. Traduzindo a legislação com a perspectiva de gênero. Rio de Janeiro, Cepia, n.3, 1999. Disponível em: http://www.bibliotecadigital.abong.org.br/handle/11465/971. Acesso em: 03 jul. 2023.

Devido a urgência de um Código Civil mais atual, logo em 2002 entrou em vigência o novo código civil.

Assim em decorrência da evolução social, e seu reflexo na legislação, hodiernamente, existem famílias que se distinguem da forma tradicional de família, em relação as suas finalidades, composição e papel de pais e mães.

Nessa linha de intelecção faz-se necessário compreender alguns institutos do direito de família, e suas respectivas evoluções a fim de abarcar essas novas formas de família.

10.1 Institutos do Direito de Família

10.1.1 Casamento e Divórcio

Tradicionalmente era consagrado nas constituições brasileiras, a indissolubilidade do casamento. Ainda, estabelecia-se punições a quem, casado descumprisse os deveres matrimoniais, ou a pessoa alheia ao casamento que se relacionasse com pessoas casadas, atingia-se até os frutos dos relacionamentos extraconjugais, os filhos não podiam ser reconhecidos. A despeito, do não reconhecimento do instituto do divórcio, havia o desquite, dissolução da sociedade conjugal sem quebra do vínculo matrimonial, que para sua concessão necessitava-se da identificação de um culpado, condenação essa comumente atribuída a mulher, na medida em que, a infidelidade socialmente sempre foi um pecado feminino, enquanto que para os homens era motivo de orgulho. A mulher reconhecida como adultera ainda tinha como ônus, a perda da guarda dos filhos, a não concessão de direito à alimentos, e a imposição da retirada do sobrenome do marido que fora anteriormente obrigada a adotar.[161]

> Como as pessoas podiam se separar, mas não podiam casar novamente, a saída era constituir vínculos extramatrimoniais. Esse agir recebia o nome de "concubinato", e era visto com enorme preconceito pela sociedade. Não gerava nenhum efeito

---

[161] DIAS, Maria Berenice. O papel da mulher na família. **Maria Berenice Dias**. 2021. Disponível em: https://berenicedias.com.br/o-papel-da-mulher-na-familia/. Acesso em: 03 jul. 2023

patrimonial e nem produzia quaisquer consequências jurídicas, simplesmente pelo fato de o casal não ser "oficialmente" casado. [162]

Diante da impossibilidade de contração de novo casamento, novos vínculos extramatrimoniais eram contraídos sob a nomenclatura de concubinato, todavia o termo é pejorativo, sobretudo para mulheres, que não faziam jus a direitos tal qual um esposo(a), assim diante do quadro de injustiça que eram submetidas, provocaram o judiciário, e esse passou a reconhecer a condição de companheiro(a), e fixar indenizações por serviços domésticos. Para muito depois começar a identificar essas uniões como sociedade de fato, sociedade irregular em que se permitia a divisão dos bens de acordo com os aportes de cada um, mas em se considerando que as mulheres em regra exerciam afazes domésticos, não realizavam aportes financeiros, assim restava ao marido todos os bens, em flagrante enriquecimento sem causa. [163]

Em linhas gerais, a inexistência do reconhecimento legal do divórcio só tinha efetivas repercussões em relação a mulher, e portanto a possibilidade jurídica de se divorciar representa um avanço para pauta dos direitos das mulheres.

Anteriormente à 1977 o casamento era indissolúvel, assim pessoas desquitadas não podiam casar novamente. O reconhecimento do divórcio era controverso entre a população, sobretudo em razão da forte oposição da Igreja Católica, todavia, ocorrera a conquista ao direito ao divórcio, para tanto em julho de 1977 foi aprovada uma Emenda Constitucional para alterar o trecho da Carta que impedia a dissolução do vínculo matrimonial, assim abriu-se espaço para a Lei do Divórcio (Lei 6.515/1977), sancionada em 26 de dezembro do referido ano. [164]

---

[162] DIAS, Maria Berenice. O papel da mulher na família. **Maria Berenice Dias**. 2021. Disponível em: https://berenicedias.com.br/o-papel-da-mulher-na-familia/. Acesso em: 03 jul. 2023

[163] DIAS, Maria Berenice. O papel da mulher na família. **Maria Berenice Dias**. 2021. Disponível em: https://berenicedias.com.br/o-papel-da-mulher-na-familia/. Acesso em: 03 jul. 2023.

[164] BELTRÃO, Tatiana. Divórcio demorou a chegar no Brasil. **Agência Senado.** 2017. Disponível em: https://www12.senado.leg.br/noticias/especiais/arquivo-s/divorcio-demorou-a-chegar-no-brasil. Acesso em: 04 jul. 2023.

Complementarmente, a Constituição Federal de 1988 promoveu uma transformação no âmbito das relações familiares, pluralizando o conceito de família, notadamente reconheceu-se como entidade familiar, além do casamento, uniões extrapatrimoniais, e a família monoparental. Ainda, foi proibido o tratamento discriminatório entre filhos.[165]

Com as transformações promovidas, o casamento deixou de ser unanimidade entre as pessoas, muitas pessoas passaram a viver em união estável, outras sequer tem interesse em se envolver em um relacionamento.

10.1.2 União Estável

"Com a implantação do divórcio, surgiu a instabilidade das uniões tradicionais e consequente aceitação da união estável".[166] Nesse sentido, destaca-se que a Constituição Federal de 1988 em seu artigo 226, §3º reconheceu como entidade familiar a união estável.

"A união estável para ser reconhecida como entidade familiar deverá ser pública, contínua, duradoura, estabelecida com o objetivo de constituição de família e que não haja para aquele relacionamento nenhum impedimento previsto no art. 1.521, do Código Civil Brasileiro".[167]

Por ser uma situação de fato a união estável pode ser não formalizada, mas pode ser também formalizada: Na hipótese de não formalização vigora a informalidade tradicional, sendo certo que o casal se comporta como se casados fossem; na hipótese de formalização há a celebração de um contrato de convivência, em que se indica início da

---

[165] DIAS, Maria Berenice. O papel da mulher na família. **Maria Berenice Dias**. 2021. Disponível em: https://berenicedias.com.br/o-papel-da-mulher-na-familia/. Acesso em: 03 jul. 2023.

[166] C. Ivone M; SOUZA, Coelho de; DIAS Maria Berenice. Mulher e família, uma relação de causa e consequência. **IBDFAM.** 2021. Disponível em: https://ibdfam.org.br/artigos/25/Mulher+e+família,+uma+relação+de+causa+e+conseqüência. Acesso em: 28 jun. 2023.

[167] LEITÃO, Fernanda de Freitas. O que você sempre quis saber sobre a união estável. **Migalhas.** 2022. Disponível em: https://www.migalhas.com.br/depeso/371414/o-que-voce-sempre-quis-saber-sobre-a-uniao-estavel. Acesso em: 05 jul. 2023.

união estável e regime de bens, e essa formalização pode se dar a título simples (instrumento particular) ou a título qualificado (sentença de reconhecimento de união estável, escritura pública ou o termo declaratório de união estável efetivado perante o Registro Civil das Pessoas Naturais).[168]

10.1.3 Alimentos

Alimentos correspondem a "prestações para a satisfação das necessidades de quem não pode provê-las por si".[169]
O art. 1.694, CC disciplina que "podem os parentes, os cônjuges ou companheiros pedir uns aos outros os alimentos de que necessitem para viver de modo compatível com a sua condição social, inclusive para atender às necessidades de sua educação".[170]

10.1.3.1 Alimentos para o cônjuge ou companheiro

Frisa-se que alimentos podem decorrer do casamento e da união estável. A previsão de alimentos nessas situações é especialmente importante para mulheres, uma vez que há pouco foram inseridas no mercado de trabalho em comparação com o homem, assim esses podem se fazem necessários a mantença, ainda que temporariamente.

> Os alimentos não devem ser fixados ad aeternum, ou seja, eternamente, mesmo porque os alimentos devidos entre ex-cônjuges devem ser fixados por prazo certo, suficiente para, levando-se em conta as condições próprias do alimentado,

---

[168] TÁRTUCE, Flávio; OLIVEIRA, Carlos Eduardo Elias de. União estável versus casamento: Passado, presente e futuro - Reflexões após a Lei do Serp. **Migalhas.** 2023. Disponível em: https://www.migalhas.com.br/coluna/familia-e-sucessoes/388946/uniao-estavel-versus-casamento. Acesso em: 05 jul. 2023.

[169] COSTA, Maria Aracy Menezes da. Pensão alimentícia entre cônjuges e o conceito de necessidade. **IBDFAM.** 2002. Disponível em: https://ibdfam.org.br/artigos/74/novosite. Acesso em: 05 jul. 2023.

[170] BRASIL. **Código Civil.** 2002. Disponível em: https://www.planalto.gov.br/ccivil_03/leis/2002/l10406compilada.htm. Acesso em: 30 jun. 2023.

> permitir-lhe uma inserção no mercado de trabalho em igualdade de condições com o alimentante.[171]

Nessa linha de intelecção, com o início de atividade remunerada pela mulher, alimentando, ao alimentante cabe: exonerar-se do encargo, caso a mulher consiga se manter, ou reduzir os valores dos alimentos, caso os rendimentos não sejam suficientes à manutenção daquela, mas reduzam a necessidade de alimentos.[172]

10.1.3.2 Alimentos para os filhos

Aos filhos pode ser fixada pensão alimentícia, comumente se fixa o valor de 30% a ser pago pelo alimentante, e o outro genitor que mantém a guarda consigo assume as demais despesas não albergadas pela porcentagem estabelecida em juízo. Todavia, os guardiões em sua maioria são mulheres, as quais historicamente recebem salário inferior ao homem, além de que ao manterem a guarda dos filhos, dificulta-se que se dediquem a carreira, e por conseguinte não alcancem elevados rendimentos, de modo que acabam por suportar mais do que 30% de seus rendimentos com os demais custos do filho, podendo chegar a 70%, de modo que não restaria nada ou quase nada a ela. Tal situação não prejudica somente a mulher, mas também aos filhos. Assim, faz-se necessário ao fixar alimentos para os filhos além da observação da necessidade do alimentado e possibilidade dos genitores, a real proporcionalidade na divisão dos custos com os filhos.[173]

---

[171] SANTOS, Wallace Costa dos. O direito de receber e o dever de pagar alimentos no direito de família. **IBDFAM.** 2021. Disponível em: https://ibdfam.org.br/artigos/1674/O+direito+de+receber+e+o+ dever+de+pagar+alimentos+no+direito+de+família. Acesso em: 05 jul. 2023.

[172] COSTA, Maria Aracy Menezes da. Pensão alimentícia entre cônjuges e o conceito de necessidade. **IBDFAM.** 2002. Disponível em: https://ibdfam.org.br/artigos/74/novosite. Acesso em: 05 jul. 2023.

[173] CASAS, Fernanda Las. A fixação da divisão do pagamento de pensão alimentícia em uma análise de Igualdade de Gênero. **Magis** – Portal Jurídico. 2023. Disponível em: https://magis.agej.com.br/a-fixacao-da-divisao-do-pagamento-de-pensao-alimenticia-em-uma-analise-de-igualdade-de-genero/. Acesso em: 07 jul. 2023.

10.2 Planejamento Familiar

O planejamento familiar é previsto expressamente no art. 226, §7º, CF:

> § 7º Fundado nos princípios da dignidade da pessoa humana e da paternidade responsável, o planejamento familiar é livre decisão do casal, competindo ao Estado propiciar recursos educacionais e científicos para o exercício desse direito, vedada qualquer forma coercitiva por parte de instituições oficiais ou privadas.[174]

Nesse mesmo sentido, o art. 1.565, §2º, CC dispõe: "O planejamento familiar é de livre decisão do casal, competindo ao Estado propiciar recursos educacionais e financeiros para o exercício desse direito, vedado qualquer tipo de coerção por parte de instituições privadas ou públicas."[175]

"Em outras palavras, planejamento familiar é dar à família o direito de ter quantos filhos quiser, no momento que lhe for mais conveniente, com toda a assistência necessária para garantir isso integralmente".[176]

Ainda, conforme disposto no art. 1° da Lei n° 9.263/69, "o planejamento familiar é direito de todo cidadão"[177], além de ser um dos fundamentos da autonomia reprodutiva, que abrange não apenas a decisão acerca do número de filhos, do momento adequado e também a escolha por não ter filhos.

---

[174] BRASIL. **Constituição Federal.** 1988. Disponível em: https://www.planalto.gov.br/ccivil_03/constituicao/constituicao.htm. Acesso em: 17 jun. 2023.

[175] BRASIL. **Código Civil**. 2002. Disponível em: https://www.planalto.gov.br/ccivil_03/leis/2002/l10406compilada.htm. Acesso em: 30 jun. 2023.

[176] NÚCLEO DE TELESSAÚDE RIO GRANDE DO SUL. O que é planejamento familiar? Disponível em: https://aps-repo.bvs.br/aps/o-que-e-planejamento-familiar/#:~:text=Conforme%20a%20lei%20 federal%209.263,pelo%20homem%20ou%20pelo%20casal. Acesso em: 06 jul. 2023.

[177] BRASIL. **Lei n° 9.263**, de 12 de janeiro de 1996. 1996. Disponível em: https://www.planalto.gov.br /ccivil_03/leis/l9263.htm#:~:text=%C3%89%20vedada%20a%20indu%C3%A7%C3%A3o%20ou,Art. Acesso em: 01 abr. 2024.

Assim, o planejamento familiar remete a direitos reprodutivos, dentre os quais direito ao sexo seguro para prevenção de gravidez indesejada e infecções sexualmente transmissíveis, através dos métodos contraceptivos; bem como aborto nos casos admitidos em lei.

O direito ao planejamento familiar deve ter como com base o respeito ao direito do ser humano de disposição do próprio corpo e da liberdade de reprodução, para ser exercido de forma livre, não concernindo ao Estado interferir na escolha do indivíduo, seja por motivos culturais, econômicos, sociais, psicológicos ou religiosos.

10.2.1 Métodos Contraceptivos

Métodos contraceptivos são métodos utilizados para impedir a gravidez, podem ser definitivos como vasectomia nos homens e laqueadura nas mulheres, ou não definitivos como pílula anticoncepcional, diafragma, e camisinha masculina e feminina, este último método também se presta a evitar a transmissão de infecções sexualmente transmissíveis.

> No tocante às medidas contraceptivas, é importante destacar um aspecto de interesse. Ao tempo em que os avanços tecnológicos colocam à disposição das mulheres uma diversidade de alternativas contraceptivas, a existência de efeitos colaterais, de dificuldades no acesso e de manipulação de muitos desses métodos permite afirmar que ainda não foi desenvolvido um que possa, ao mesmo empo, tender às necessidades de contracepção e seja universalmente inofensivo à saúde. Mesmo fazendo parte do cotidiano da maioria das mulheres, o método contraceptivo nem sempre é adequado e eficaz. No Brasil, por exemplo, a laqueadura e a pílula são adotadas por 40,2% e 20,7%, respectivamente, das mulheres na faixa etária de 15 e 54 anos que possuem vida sexual ativa. Os métodos vaginais (diafragma, espumas e óvulos em conjunto) são usados por apenas 0,1% dessas mulheres.[178]

Há uma diversidade de métodos contraceptivos, que foram desenvolvidos a partir de avanços tecnológicos. Mas, a utilização de

---

[178] COSTA, Alcione; ROSADO, Lilian; FLORÊNCIO, Alexandre; XAVIER, Edleide. História Do Planejamento Familiar E Sua Relação Com Os Métodos Contraceptivos. **Revista Baiana de Saúde Pública**. v. 37 n. 1, 2013 p. 83. Disponível em: https://rbsp.sesab.ba.gov.br/index.php/rbsp/article/view/173. Acesso em: 07 jul. 2023.

determinado método depende de informações adequadas sobre a sua utilização, bem como eventuais efeitos colaterais.

Devido ao patriarcado e influência das religiões historicamente não se fala publicamente sobre sexo, sobretudo por parte das mulheres, assim, há um tabu sobre o tema, e muitas vezes principalmente as mulheres não são expostas a informações adequadas sobre a utilização de métodos contraceptivos, nem sobre efeitos colaterais, que as atinge devido a sua utilização.

Em relação aos procedimentos de laqueadura e vasectomia cumpre ressaltar, que a lei 14.443 colocou fim a obrigação de aval do cônjuge para realização destes procedimentos, bem como reduziu de 25 para 21 anos a idade mínima de homens e mulheres para a esterilização voluntária. [179]

Em linhas gerais, ao longo da história o domínio patriarcal colocou a mulher em uma condição de inferioridade e invisibilidade, sendo seus direitos reprodutivos constantemente ignorados. A autodeterminação das mulheres, o direito de decidir sobre o próprio corpo e o planejamento familiar são direitos relativamente recentes, impulsionados pelo movimento feminista e fortalecimento dos ideais de emancipação feminina.

> Nos primórdios da humanidade, desde o surgimento das relações familiares, as mulheres já nasciam e eram educadas com o perfil de satisfazer e atender aos homens, prevalecendo assim à ideia de superioridade masculina. (...) Assim sendo, por componentes de ordem histórico-cultural, construiu-se uma distância entre homens e mulheres que se mantêm presente nas relações atuais.[180]

---

[179] AGÊNCIA SENADO. Entra em vigor lei que dispensa aval do cônjuge em procedimentos de esterilização. **Agência Senado.** 2023. Disponível em: https://www12.senado.leg.br/noticias/materias/2023/03/03/entra-em-vigor-lei-que-dispensa-aval-do-conjuge-em-procedimentos-de-esterilizacao#:~:text=A%20Lei%2014.443%2C%20de%202022,dias%20para%20passar%20a%20valer. Acesso em: 07 jul. 2023

[180] PEREIRA, Sarah Batista Santos. **Assédio Sexual no Ambiente de Trabalho**: Uma análise à luz dos direitos das mulheres. Seattle: Independently Published. 2022, p.22.

A noção de que as mulheres pudessem decidir sobre suas vidas em sociedade era algo impensável ainda nas primeiras décadas do século XX, estando a mulher condicionada ao exercício do papel de cuidadora do lar, mãe e esposa.[181]

> Quando feministas do século XIX apresentaram a reivindicação pela "maternidade voluntária", nasceu a campanha pelo controle de natalidade. Suas proponentes foram chamadas de radicais e submetidas à mesma zombaria que recaiu sobre as primeiras defensoras do sufrágio feminino. A "maternidade voluntária" era considerada uma audácia, uma afronta e uma excentricidade por pessoas que insistiam que a esposa não tinha o direito de recusar-se a satisfazer os anseios sexuais do marido.[182]

Historicamente não se imaginava um contexto social em que as mulheres tivessem acesso a métodos contraceptivos seguros que proporcionasse a escolha voluntária e individual de passar ou não uma gestação, durante o século XIX a ideia de maternidade voluntária era uma verdadeira afronta aos valores sociais.

A disseminação e acesso aos diversos métodos contraceptivos são pré-requisitos fundamentais para a emancipação das mulheres, para a proteção da autonomia reprodutiva e para garantir a liberdade de planejamento familiar. Os direitos sexuais se relacionam intimamente com o exercício da sexualidade de forma livre, autônoma e informada, já os direitos reprodutivos se associam ao direito que toda pessoa tem de

---

[181] KOSHIYAMA, Alice Mitika. A Imposição da Maternidade para as Mulheres na História e nos Meio de Comunicação. **Seminário Internacional Fazendo Gênero 11 & 13th Women's Worlds Congress (Anais Eletrônicos).** Florianópolis. p. 1-10. 2017. Disponível em: http://www.en.wwc2017.eventos.dype.com.br/resources/anais/1499549438_A RQUIVO_17_13WW_11fazgen_Textocompleto_ComnSimposio_A.MKOSHI YAMA.doc1.pdf. Acesso em: 16 jul. 2022.

[182] DAVIS, Angela. **Mulheres, raça e classe**. 1. ed. São Paulo: Boitempo, 2016, p.197. Disponível em: https://pt.br1lib.org/book/2924810/27bd7c. Acesso em: 28 ago. 2022.

determinar se quer ou não ter filhos, e também quando e como isso deve ocorrer.[183]

10.2.2 Aborto

Aborto, ou seja, interrupção da gravidez com a destruição do produto da concepção, seja realizado pela gestante ou por outros agentes é considerado crime segundo a legislação penal vigente. Todavia, há algumas causas especiais de exclusão da ilicitude, quais sejam: o aborto necessário ou terapêutico, realizado para salvar a vida da gestante; aborto sentimental, permitido para os casos em que a gravidez decorre de estupro. Por fim, o STF por meio a ADPF 54 manifestou-se no sentido de que é permitido o aborto de feto anencéfalo, pois a vida é inviável.

A controvérsia gira em torno dos casos para além dos supracitados. Argumentos pró aborto seriam garantia do acesso ao exercício do planejamento familiar, e direitos reprodutivos da mulher. Argumentos contrários ao aborto consistem em afirmar que ainda que de forma intrauterina já haveria vida, portanto seria incabível sua interrupção.

> Mais recentemente, ao analisar o Habeas Corpus nº 124306/RJ em 2016, o STF enfrentou novo julgamento sobre a matéria e, dessa vez, decidiu pela possibilidade de exclusão da culpabilidade do aborto cometido até o 3º mês de gravidez. Este julgamento, contudo, não foi realizado em plenário e, portanto, não possui efeito erga omnes. Em breve, a matéria deverá ser novamente debatida, desta vez em plenário e já à sombra deste relevantíssimo precedente.[184]

---

[183] DEFENSORIA PÚBLICA DO DISTRITO FEDERAL. Cartilha: **Direitos Sexuais e Direitos Reprodutivos das Mulheres.** Distrito Federal, 2022. Disponível em: https://www.saude.df.gov.br/docum ents/37101/80238/Informacao_65758505_Cartilha_Direito_Sexuais_e_Reprod utivos_das_Mulheres-1.pd f /96bae822-cd6b-c559-9b46-eddcc4cbcba6?t=16485197 95990. Acesso em: 16 jul. 2022.

[184] GOZZI, Camila Monanzi. Princípio do livre planejamento familiar como direito fundamental. **IBDFAM.** 2019. Disponível em: https://ibdfam.org.br/artigos/1349/Princípio+do+livre+planejamento +familiar+como+direito+fundamental. Acesso em: 06 jul. 2023.

O tema também não é pacífico no direito comparado, senão vejamos:

> Pesquisando no direito comparado, temos que, na Alemanha, desde 1995 o aborto é permitido quando realizado até o 3º mês de gestação, sendo necessário o acompanhamento psicológico da mulher. Em casos excepcionais, a interrupção é permitida em qualquer estágio da gestação.
> Além disso, em países da América do Sul, como a Colômbia e o Uruguai, também permitem o aborto de forma semelhante à maioria dos países europeus: até o terceiro mês, com comprovado risco à saúde da gestante. Mais recentemente, vimos a aprovação, pela Câmara dos Deputados da Argentina, do projeto de lei que prevê a legalização do aborto, descriminalizando-o quando praticado até a 14ª semana de gestação. O projeto argentino ainda seguirá para a apreciação pelo Senado. [185]

A admissão do aborto para além dos casos previstos na legislação criminal pode apresentar avanços no que se refere a redução de mortes de mulheres em decorrência do aborto.

> O aborto é o quinto maior causador de mortes maternas no Brasil. Segundo um estudo publicado em 2013, uma a cada cinco mulheres com mais de 40 anos já fizeram, pelo menos, um aborto na vida. Hoje existem 37 milhões de mulheres nessa faixa etária, de acordo com o Instituto Brasileiro de Geografia e Estatística (IBGE). Dessa forma, estima-se que 7,4 milhões de brasileiras já fizeram pelo menos um aborto.[186]

Assim, a sociedade não deve se furtar da discussão acerca da admissão do aborto e seus possíveis reflexos. Decorrendo a possibilidade

---

[185] GOZZI, Camila Monanzi. Princípio do livre planejamento familiar como direito fundamental. **IBDFAM.** 2019. Disponível em: https://ibdfam.org.br/artigos/1349/Princípio+do+livre+planejamento+familiar+como+direito+fundamental. Acesso em: 06 jul. 2023.

[186] ABORTO é um dos principais causadores de mortes maternas no Brasil. **Câmara dos Deputados.** 2014. Disponível em: https://www.camara.leg.br/tv/445740-aborto-e-um-dos-principais-causadores-de-mortes-maternas-no-brasil/. Acesso em: 06 jul. 2023.

do aborto de uma questão referente a direitos reprodutivos, à mulher seria permitido a interrupção da gravidez, lado outrem ao homem também fundamentado na questão do direito reprodutivo poderia se eximir da paternidade, caso essa queira ser levada adiante somente pela mulher, questão essa problemática, na medida em que aumentariam os casos de maternidade solo, que na atualidade já sofrem com a falta de apoio durante a maternidade.

Historicamente a defesa em favor da manutenção da criminalização do aborto se associa muito mais com o âmbito político, religioso, moral e social, do que com os valores jurídicos e constitucionais, objetivando proteger, a despeito do contexto, o direito à vida do nascituro.[187]

Constitucionalmente o Brasil é um Estado laico, o que implica dizer que o poder político exercido pelo Estado deve estar baseado em razões públicas que independem de convicções religiosas e/ou morais. Entretanto, sendo um país fundado nas bases do catolicismo os atos governamentais por vezes se enlaçam com valores religiosos, destacando aqui a atuação de grupos religiosos no intuito de constitucionalizar a garantia do direito à vida desde a concepção com o objetivo de dificultar a possibilidade de uma futura liberação legal da prática abortiva.

A discussão central acerca do direito ao aborto se concentra no impasse entre o direito à vida do nascituro e a autonomia privada da mulher, não sendo um superior ao outro. Sobre a dualidade entre a doutrina cristã e o posicionamento liberal, Rogério Sanches Cunha discorre no seguinte sentido:

> De um lado, temos aqueles que, seguindo a doutrina cristã, pregam que tal comportamento, egoístico, fere os princípios da fé. Lutam, arduamente, contra a pecaminosa interrupção da gravidez. Do outro, os etiquetados liberais, admitem essa espécie de abortamento, levantando em seu favor argumentos vários, desde os sociológicos, passando pelos emocionais, sem

---

[187] PEREIRA, Sarah Batista Santos. **A autodeterminação das mulheres e os paradigmas sociais e jurídicos ligados a criminalização do aborto**. Magis Portal Jurídico, 02 de dezembro de 2022. Disponível em: https://magis.agej.com.br/a-autodeterminacao-das-mulheres-e-os-paradigmas-sociais-e-juridicos-ligados-a-criminalizacao-do-aborto/. Acesso em: 02 abr. 2024.

esquecerem dos jurídicos (em especial, o respeito ao princípio da dignidade da pessoa humana). Aqui se sustenta: não sacrificar o feto é, talvez, sacrificar, num futuro próximo e iminente, duas vidas: a do próprio feto e a da sua gestante.[188]

A mulher não deve ser vista como um mero instrumento de procriação, como um meio para chegar a um fim, não se pode, com base em fundamentos religiosos e morais, negar as mulheres o direito de escolher sobre serem ou não mães, impondo-lhe a obrigação de assumir uma maternidade indesejada.

Nessa linha elucida Soraia da Rosa Mendes:

> De fato, qualquer decisão heterônoma, justificada a partir de interesses estranhos aos da mulher, equivale a uma lesão do segundo imperativo kantiano, segundo o qual nenhuma pessoa pode ser tratada como meio ou instrumento (neste caso, de procriação) para fins não próprios. Pois, enfim, diferente de outras proibições, a do aborto equivale a uma obrigação que é de tornar-se mãe, suportar a gravidez, dar à luz, criar um filho. E isso contrasta com todos os princípios liberais do direito penal.[189]

Há uma constante necessidade de interferir na esfera privada das mulheres, especialmente no que toca a obrigação de gestar, se faz oportuno colacionar julgado em que um terceiro ajuizou ação objetivando impedir que uma mulher realizasse um aborto (já judicialmente deferido), caracterizando abuso de direito de ação.

Segue Ementa do Acordão:

> RESPONSABILIDADE CIVIL. ABUSO DE DIREITO. IMPETRAÇÃO DE HABEAS CORPUS. IMPEDIMENTO DE INTERRUPÇÃO DE GRAVIDEZ. SÍNDROME DE BODY STALK. (...) Dessa forma, assentado que foi, anteriormente, que a interrupção da gestação da recorrente, no

---

[188] CUNHA, Rogério Sanches. **Manual de direito penal**: parte especial (arts. 121 ao 361). 1° ed. Salvador: JusPODIVM. 2018, p.114.

[189] MENDES, Soraia da Rosa. **(Re)pensando a criminologia**: Reflexões sobre um novo paradigma desde a epistemologia feminista. Tese de Doutorado. 2012, p.230. 284 f. Tese (Doutorado em Direito) – Universidade de Brasília. Brasília, 2012. Disponível em: https://repositorio.unb.br/bitstream/10482 /11867/1/2012_SoraiadaRosaMendes.pdf. Acesso em: 06 ago. 2022.

cenário apresentado, era lídimo, sendo opção do casal - notadamente da gestante - assumir ou descontinuar a gestação de feto sem viabilidade de vida extrauterina, há uma vinculada remissão à proteção constitucional aos valores da intimidade, da vida privada, da honra e da própria imagem dos recorrentes (art. 5º, X, da CF), fato que impõe, para aquele que invade esse círculo íntimo e inviolável, responsabilidade pelos danos daí decorrentes. Recurso especial conhecido e provido. (REsp 1467888/GO, Rel. Ministra NANCY ANDRIGHI, TERCEIRA TURMA, julgado em 20/10/2016, DJe 25/10/2016).[190]

Portanto, entende-se que o direito ao aborto representa o pleno exercício dos direitos sexuais e reprodutivos, derivados da autonomia privada e da liberdade das mulheres para decidir, sem nenhum tipo de discriminação, violência ou coerção, sobre o exercício ou não da maternidade.[191] Não se pode, com base em fundamentos religiosos e morais, negar as mulheres o direito de escolha sobre serem ou não mães, ocasionando na obrigação de assumir uma maternidade indesejada, sendo um direito da mulher decidir quando - e se - ela deve se tornar mãe, quantas vezes e em que circunstâncias.

---

[190] GOIAS. Tribunal de Justiça de Goiás. **REsp 1.467.888GO**. Rel. Ministra Nancy Andrighi, Terceira Turma, julgado em 20/10/2016, DJe 25/10/2016. 2016. Disponível em: https://www.jusbrasil. com.br/jurisprudencia/stj/862810192/inteiro-teor862810202. Acesso em: 28 ago. 2022.

[191] SANTOS, Franciele Barbosa; ZUCOLOTE DE OLIVEIRA, Lillian; DE OLIVEIRA, Lourival José. Violação a autonomia corporal e reprodutiva da mulher no Brasil: necessidade de reforma da Lei n. 9.263/96. **Conhecimento & Diversidade** Niterói, v. 13, n. 31, p. 42–54. Set./Dez. 2021. Disponível em: https://revistas.unilasalle .edu.br/index.php/conhecimento_diversidade/article/download/8130/pdf. Acesso em: 11 jul. 2022.

11   MULHER E RELAÇÃO DE TRABALHO

Comumente se atribuí a agricultura o surgimento de um tratamento distintivo entre homens e mulheres, todavia, as mulheres sempre fizeram trabalhos agrícolas. Assim, historicamente, pode-se apontar como marco desse surgimento desse tratamento dicotômico a Mesopotâmia há 5000 anos, devido a necessidade de produção de recursos e manutenção do contingente populacional, assim, as mulheres desapareceram do mundo público do trabalho e da liderança, e foram incumbidas do trabalho doméstico.

Esse modelo persiste praticamente imutável até o advento da primeira Revolução Industrial (1760 – 1850), que proporcionou à algumas mulheres a possibilidade de desempenhar funções para além da doméstica, especialmente em fábricas de tecido.

As grandes guerras também contribuíram para alterar significativamente o papel das mulheres na sociedade, já que passaram a desempenhar funções que *a priori* eram ocupadas estritamente por homens, e partir desse vislumbre da vida pública, surge novas demandas por parte das mulheres.[192]

Indubitavelmente, as ondas do feminismo tiveram um impacto no mercado de trabalho, especialmente no que toca a garantia de alguns direitos básicos ao trabalhador, e alguma inserção das mulheres no mercado de trabalho.

Ainda que tenha havido avanços no que toca ao mercado de trabalho, percebe-se atitudes discriminatórias em face da mulher, uma vez que ainda persistem diferenças salariais e segregação horizontal.

---

[192] SIQUEIRA, Carolina Bastos de; BUSSINGUER, Elda Coelho de Azevedo. As ondas do feminismo e seu impacto no mercado de trabalho da mulher, São Paulo. **Revista Thesis Juris** – RTJ, v. 9, n. 1, p. 145-166, jan./jun. 2020. Disponível em: http://repositorio.fdv.br:8080/handle/fdv/894. Acesso em: 17 jun. 2023.

11.1 Direitos Trabalhistas das Mulheres

Hodiernamente, verifica-se algum avenço legislativo em relação à matéria do trabalho feminino.

> (...) Algum avanço jurídico se deu em matéria de trabalho feminino, com o reconhecimento nas Constituições brasileiras que, desde 1934, reconhecem a obrigatoriedade do pagamento de salários equiparado entre homens e mulheres, culminando a consagração desse direito no art. 7º, incisos XX e XXX, da atual Constituição da República (1988) e a inclusão na CLT, em 1999, da proibição de inclusão de requisitos relativos ao gênero em anúncios de emprego, em seu art. 373-A e seus incisos.[193]

Há disposições protetivas direcionadas à mulher, e inclusive algumas disposições específicas direcionadas a mulher gestante, lactante ou adotante.

11.1.1 Direitos da Mulher

O Princípio da Igualdade na sua acepção material, trata da concretização da igualdade na prática, assim, admite-se o tratamento diferenciado às mulheres desde que com a finalidade de proporcionar a igualdade material entre homens e mulheres.

As "questões sócio-culturais que pesam sobre a mulher são as maiores responsáveis pela necessidade de normas especiais, destinadas a reverter as opressões sociais, mais até da qualquer eventual limitação física".[194]

Com a finalidade de mitigar tais desigualdades estabeleceu-se direitos protetivas trabalhistas direcionadas à mulher, notadamente em

---

[193] SIQUEIRA, Carolina Bastos de; BUSSINGUER, Elda Coelho de Azevedo. As ondas do feminismo e seu impacto no mercado de trabalho da mulher, São Paulo. **Revista Thesis Juris** – RTJ, v. 9, n. 1, p. 160, jan./jun. 2020. Disponível em: http://repositorio.fdv.br:8080/handle/fdv/894. Acesso em: 17 jun. 2023.

[194] MAIOR, Leandro Thomaz da Silva Souto; COLY, Sarah Cecília Raulino. A proteção do trabalho da mulher. **Migalhas.** 2014. Disponível em: https://www.migalhas.com.br/depeso/198919/a-protecao-do-trabalho-da-mulher. Acesso em: 08 jul. 2023.

relação a duração, condições do trabalho, discriminação contra a mulher, períodos de descanso, e métodos e locais de trabalho.

Incialmente, cumpre destacar que se proíbe anunciar emprego que tenha como critério de admissão determinado gênero, salvo quando a natureza da atividade exigir, complementarmente proíbe-se dispensa em razão do gênero (art. 373-A, CLT).

Estabelece-se também disposições acerca dos períodos de descanso: "Havendo trabalho aos domingos, será organizada uma escala de revezamento quinzenal, que favoreça o repouso dominical" (art. 386, CLT).

> Recentemente, o Tribunal Superior do Trabalho (TST) confirmou a aplicação do artigo 386, da CLT às mulheres que trabalham no comércio de grandes redes varejistas. A lógica para a manutenção deste direito reside no fato de que as mulheres, de modo geral, são as responsáveis pelos afazeres domésticos, além dos cuidados com os filhos. Logo, este direito não se configuraria como um privilégio, e sim porque atualmente prevalece ainda a sobrecarga de trabalho da mulher, com dupla jornada por ser protagonista no cumprimento de tarefas no ambiente privado e familiar.[195]

Em relação aos métodos e locais de trabalho estabelece-se que: "Ao empregador é vedado empregar a mulher em serviço que demande o emprego de força muscular superior a 20 (vinte) quilos para o trabalho continuo, ou 25 (vinte e cinco) quilos para o trabalho ocasional" (art. 390, CLT).[196]

Não se buscou esgotar os direitos trabalhistas aplicáveis especificadamente às mulheres, apenas evidenciar a importância dos mesmos face a recente inclusão das mulheres no mercado de trabalho, aspectos socioculturais, e biológicos.

---

[195] BOAS, Marcela do Carmo Vilas. O STF e o direito das mulheres a folgas quinzenais aos domingos. **Conjur.** 2022. Disponível em: https://www.conjur.com.br/2022-nov-24/marcela-vilas-boas-direito-mulheres-folgas-aos-domingos. Acesso em: 08 jul. 2023.

[196] BRASIL. **Consolidação das Leis do Trabalho.** 1943. Disponível em: https://www.planalto.gov.br/ccivil_03/decreto-lei/del5452.htm. Acesso em: 17 jun. 2023.

11.1.2 Direitos da Mulher Gestante, Lactante e Adotante

A gravidez é um fenômeno fisiológico em que há o crescimento e o desenvolvimento de um embrião dentro da mulher. Em seu transcorrer normal, ao fim da gestação dá se origem a um novo ser, excepcionalmente a gestação pode ser interrompida devido a ocorrência de aborto. Posteriormente ao curso normal da gravidez a mulher passa pelo processo de lactação. Para além da forma biológica da maternidade, pode também ocorrer a adoção. Tais acontecimentos tem relevância para o direito trabalho, por esse motivo, estabeleceu-se uma série de direitos para mulheres nessas condições.

A empregada gestante tem direito a estabilidade provisória independente de prévio conhecimento da mulher ou comunicação ao empregador (Tema 497, STF) [197], concernente à vedação da dispensa de empregada gestante, desde a confirmação da gravidez advinda no contrato de trabalho até cinco meses após o parto (art. 10, II, ADCT) [198], ainda que durante o prazo do aviso prévio trabalhado ou indenizado (art. 391-A, CLT) [199]. E mesmo na hipótese de admissão mediante contrato por tempo determinado (Súmula 244, III, TST) [200], embora sobre esse aspecto haja jurisprudência em sentido contrário em decisão proferida pelo TST no Incidente de Assunção de Competência n° TST-IAC-5639-31.2013.5.12.0051 [201].

---

[197] BRASIL. Supremo Tribunal Federal. **Tema 497**. Disponível em: https://portal.stf.jus.br/noticias/verNoticiaDetalhe.asp?idConteudo=504086&ori=1#:~:text=Até%20que%20essa%20lei%20seja,como%20termo%20inicial%20a%20gravidez. Acesso em: 17 jun. 2023.

[198] BRASIL. **Constituição Federal**. 1988. Disponível em: https://www.planalto.gov.br/ccivil_03/constituicao/constituicao.htm. Acesso em: 17 jun. 2023.

[199] BRASIL. **Consolidação das Leis do Trabalho**. 1943. Disponível em: https://www.planalto.gov.br/ccivil_03/decreto-lei/del5452.htm. Acesso em: 17 jun. 2023.

[200] BRASIL. Tribunal Superior do Trabalho. **Súmula 244**. Disponível em: https://www3.tst.jus.br/jurisprudencia/Sumulas_com_indice/Sumulas_Ind_201_250.html. Acesso em: 17 jun. 2023.

[201] BRASIL. Tribunal Superior do Trabalho. **IAC-5639-31.2013.5.12.0051**. Disponível em: https://jurisprudencia-backend.tst.jus.br/rest/documentos/ae82bb6e161e73b7cdef708dfc6d9bd7. Acesso em: 17 jun. 2023.

Para além da estabilidade provisória, há o direito a licença-maternidade, garantido pelo art. 7º, XVIII, CF e art. 392, CLT, que corresponde à um período de afastamento de mulheres gestantes do local de trabalho por um período de 120 dias. Tal direito também é aplicável a mulher adotante (art. 392-A, CLT).[202]

No que se refere a licença-maternidade, a possibilidade de afastamento do trabalho pode dar causa a injustificável diferença salarial existente entre homens e mulheres, por esse motivo a licença paternidade mostra-se importante, tendo reflexo na questão salarial da mulher, bem como na promoção da igualdade de gênero na criação dos filhos. Atualmente a licença paternidade é regida pela Lei 11.770/, embora seja criticável o afastamento por somente 5 dias.

Embora em regra a gravidez siga seu curso normal, ela pode ser interrompida devido a ocorrência de aborto. Em relação a essa hipótese o art. 395, CLT dispõe que: "Em caso de aborto não criminoso, comprovado por atestado médico oficial, a mulher terá um repouso remunerado de 2 (duas) semanas, ficando-lhe assegurado o direito de retornar à função que ocupava antes de seu afastamento".[203]

Caso não haja interrupção da gravidez, a mulher passa pelo processo de lactação, nessa hipótese, bem como no caso de adoção, a mulher conforme art. 396, CLT fará jus a durante a jornada de trabalho, a ter 2 (dois) descansos especiais de meia hora cada um para amamentar seu filho, até que este complete 6 (seis) meses de idade.[204] Tal direito permite a manutenção da saúde do bebê, bem como o estabelecimento do laço afetivo entre mãe e filho.

---

[202] BRASIL. **Consolidação das Leis do Trabalho.** 1943. Disponível em: https://www.planalto.gov.br/ccivil_03/decreto-lei/del5452.htm. Acesso em: 17 jun. 2023.

[203] BRASIL. **Consolidação das Leis do Trabalho.** 1943. Disponível em: https://www.planalto.gov.br/ccivil_03/decreto-lei/del5452.htm. Acesso em: 17 jun. 2023.

[204] BRASIL. **Consolidação das Leis do Trabalho.** 1943. Disponível em: https://www.planalto.gov.br/ccivil_03/decreto-lei/del5452.htm. Acesso em: 17 jun. 2023.

12   MULHER E PREVIDÊNCIA

A Previdência Social é um seguro social adquirido por meio de contribuições mensais que garantem ao segurado uma série de benefícios como aposentadoria, auxílios, pensão, salário maternidade e salário família.

12.1 Diferença entre homem e mulher para efeitos da Aposentadoria por Idade Urbana

Atualmente, a aposentadoria por idade tem como critérios: 65 anos de idade para o homem ou 62 anos de idade para a mulher (art. 201, I, CF)[205]; bem como 20 anos de tempo de contribuição para o homem ou 15 anos de contribuição para a mulher. Tais idades foram fixadas pela Emenda Constitucional 103 de 2009, que aumentou a idade para aposentadoria da mulher que anteriormente era de 60 anos.

As mulheres ganham menos que os homens, estão mais sujeitas à trabalhos informais e ao desemprego, e ainda cumprem uma dupla jornada de trabalho por assumirem majoritariamente as tarefas domésticas, sob esse fundamento estabeleceu-se a diferenciação de idade entre homens e mulheres para fins de aposentadoria. Embora a premissa seja verdadeira, há controvérsia acerca da conclusão, pois está se transformando uma ilegítima distorção no mercado de trabalho, em uma distorção sistema previdenciário a fim de compensar a mulher, assim não se resolve o problema na origem, e cria-se uma deficiência adicional no sistema previdenciário, uma vez que vivem em média 7,2 anos mais do que os homens, mas contribuem menos para o sistema previdenciário. Além de que com a elevação da expectativa de vida das pessoas, e queda da taxa de natalidade, o mundo tem equiparado as idades mínimas para aposentadoria. Então em linhas gerais, o necessário seria corrigir as falhas de mercado, todavia pesa contra, a predominância de parlamentares masculinos que editam leis sem a observância da necessidade feminina, inclusive incentivando a discriminação contra a

---

205   BRASIL. **Constituição Federal.** 1988. Disponível em: https://www.planalto.gov.br/ccivil_03/constituicao/constituicao.htm.   Acesso em: 17 jun. 2023.

mulher como a licença-maternidade, que embora privilegia o cuidado com o filho ante o afastamento do local de trabalho, estimula a não contratação feminina em comparação a masculina. Então uma maior participação política feminina poderia auxiliar a solucionar esse problema.[206]

12.2 Salário-Maternidade e Auxílio Maternidade

O Salário-Maternidade é um benefício devido aos segurados que se afastam do trabalho em razão de: nascimento de filho, aborto não criminoso, fetos natimortos, adoção, guarda judicial para fins de adoção.

Salário-maternidade é benefício de cunho previdenciário, suportado, em sua totalidade, pelo próprio empregador, quando se trata de empregada(o) CLT, na mesma periodicidade do salário normal, durante o afastamento da empregada que deu à luz, quando se trata de desempregado ou segurada(o) individual o pagamento é feito diretamente pelo INSS. Já o Auxílio-Maternidade consiste em um único pagamento, efetuado pela Previdência Social.[207]

Assim, esse benefício serve para que os trabalhadores, principalmente as mulheres, não fiquem sem auxílio financeiro nas hipóteses retromencionadas.

---

[206] SOARES, Bianca; CANHISARES, Mariana. Mulheres devem se aposentar mais cedo que os homens? **Estadão.** Disponível em: https://infograficos.estadao.com.br/focas/planeje-sua-vida/mulheres-devem-se-aposentar-mais-cedo-que-os-homens#:~:text=As%20mulheres%20ganham%20menos%20do,Depende. Acesso em: 08 juj. 2023.

[207] CERULLO, Juliana. Descomplicando a licença e o salário maternidade. **Migalhas.** 2023. Disponível em: https://www.migalhas.com.br/depeso/389270/descomplicando-a-licenca-e-o-salario-maternidade. Acesso em: 08 jul. 2023.

13   MULHER E CONSUMO

As mulheres correspondem a 51,1% da população brasileira[208], e portanto correspondem a parcela significativa do mercado consumidor do país. Em relação ao tema do consumo, há alguns subtemas que afetam especificamente as mulheres como Pink Tax, objetificação da mulher para o consumo em casas noturnas.

13.1 Pink Tax

De início cumpre esclarecer que *Pink Tax,* ou Imposto Rosa não corresponde a uma espécie de tributo no sentido legal do termo. Trata-se de uma precificação de produtos orientada pelo gênero, que pode ter origens tributária ou mercadológica.

> O termo Pink Tax, em tradução livre para o português significa "imposto rosa" ou "tributo rosa" e é uma expressão que faz referência ao sobrepreço de certos produtos destinados às mulheres. A hipótese é que, muitas vezes, o fato de um produto ser da cor rosa ou apresentar algumas especificações que possam identificá-lo como feminino, o torna mais caro do que produtos idênticos ou similares, mas considerados como neutros ou com características masculinas.[209]

O fenômeno do Pink Tax tem origem no século XIX, em que as mulheres exerciam em regra funções domésticas, inclusive a de realizar compras para casa. Com advento da Revolução Industrial, as empresas buscaram transformar o homem em um consumidor direto, para tanto estabelecerão precificações diferenciadas em prol do público masculino. Tal prática foi naturalizada com decorrer do tempo. Para as mulheres, já

---

[208] QUANTIDADE De Homens E Mulheres. **Educa IBGE.** Disponível em: https://educa.ibge.gov.br/jovens/conheca-o-brasil/populacao/18320-quantidade-de-homens-e-mulheres.html#:~:text=Segundo%20dados%20da%20PNAD%20Contínu,51%2C1%25%20de%20mulheres. Acesso em: 08 jul. 2023.
[209] LUCCA, Lívia Maria; OLIVEIRA, Maria Clara de Neto Sales. Pink Tax no Brasil. **Virtuajus,** v. 6, n. 11, p. 236-246, 27 jan. 2022, p. 238. Disponível em: http://periodicos.pucminas.br/index.php/virtuajus/article/view/28010.   Acesso em: 08 jul. 2023.

consumidoras, passou-se a utilizar estratégias de marketing relacionadas a identificação de gênero, a fim de aumentar a demanda por produtos, como pegar um produto de gênero neutro ou masculino e fabricar um menor, de coloração de rosa, e precifica-lo de forma mais onerosa.[210]

> Correlato ao tema, encontramos importantes estudos que analisam os diferentes impactos tributários entre os gêneros. Para tanto, aprofunda-se na compreensão das diferenças laborais entre os sexos, trabalho não remunerado, diferenças nos padrões de consumo, responsabilidade pelo cuidado e demais atividades culturalmente destinadas às mulheres e que impactam diretamente na economia e no pagamento dos tributos.[211]

O funcionamento do mercado de consumo que propicia essas distorções de preço em relação a produtos destinados ao público masculino ou menininho. A título de exemplo, "uma calça jeans, de uma mesma marca, apresentou um aumento de 23% no preço de peça feminina. Ou seja, a mulher paga mais apenas para ter um produto para o seu biótipo".[212]

Embora não haja uma proibição expressa em relação a Pink Tax, essas distinções criadas pelos fornecedores, afrontam disposições consumeristas.

> (...) a despeito de não existir no Brasil legislação específica contra este tipo de ação, o Código de Defesa do Consumidor, proíbe em seu artigo 39, incisos V e X, taxam como abusiva e proíbem respectivamente, qualquer prática comercial que exija do consumidor vantagem excessiva e elevem preços sem justa causa. Ora, se o produto é o mesmo, mudando apenas sua cor

---

[210] DANTAS, Isabella. **Pink Tax: caminhos para o enfrentamento da desigualdade de gênero**. 2023. 125 f. Dissertação (Programa Stricto Sensu em Direito) - Universidade Católica de Brasília, Brasília, 2023.

[211] LUCCA, Lívia Maria; OLIVEIRA, Maria Clara de Neto Sales. Pink Tax no Brasil. **Virtuajus**, v. 6, n. 11, p. 236-246, 27 jan. 2022, p. 238. Disponível em: http://periodicos.pucsminas.br/index.php/virtuajus/article/view/28010. Acesso em: 08 jul. 2023.

[212] FADDUL, Juliana. 'Pink tax': As mulheres gastam mais do que os homens ou apenas pagam mais caro?. **BBC.** 2020. Disponível em: https://www.cnnbrasil.com.br/economia/pink-tax-as-mulheres-gastam-mais-do-que-os-homens-ou-apenas-pagam-mais-caro/. Acesso em: 08 jul. 2023.

ou acessório que não impactam no custo de produção e venda, não há motivo justo para cobrança superior de produtos voltados para as mulheres.

Além disso, o CDC também estabelece como princípio da Política Nacional das relações de Consumo 9art. 4, inciso VI) a coibição de abusos praticados no mercado, em especial, criações industriais de marcas ou signos distintivos que possam prejudicar os consumidores. Mais adiante, o mesmo diploma legal assegura em seu art. 6, inciso IV, a proibição de métodos comerciais desleais. E o que dizer de um barbeador, shampoo ou mesmo camisa de algodão, que a despeito de terem insumos e custos de produção idênticos, são mais caros para as mulheres?[213]

A própria tributação no sentido legal pode contribuir para esse fenômeno seja diretamente como nos casos em que se estabelece uma alíquota alta em relação imposto que recaí sobre consumo, especialmente em relação a um produto ou serviço que seja destinado especificadamente à mulher, "absorventes, por exemplo, tem uma tributação de 34,5% segundo a Associação comercial de São Paulo"[214]; ou indiretamente, já que a tem-se uma "matriz tributária altamente regressiva, que, ao privilegiar o consumo, acaba onerando proporcionalmente mais as mulheres, que são maioria nas camadas mais vulneráveis da população".[215]

Além da própria questão laboral, pois ainda que não houvesse distinção nos preços dos produtos destinados ao público masculino e feminino, a distinção salarial entre os gêneros acabaria criando distinções na possibilidade de consumo.

---

[213] MARIMPIETRI, Flavia. Pink Tax e o direito das consumidoras. **Revista Debate Virtual**. n. 206. 2017. Disponível em: https://revistas.unifacs.br/index.php/redu/article/view/4971. Acesso em: 08 jul. 2023, p. 4.

[214] FADDUL, Juliana. 'Pink tax': As mulheres gastam mais do que os homens ou apenas pagam mais caro?. **BBC**. 2020. Disponível em: https://www.cnnbrasil.com.br/economia/pink-tax-as-mulheres-gastam-mais-do-que-os-homens-ou-apenas-pagam-mais-caro/. Acesso em: 08 jul. 2023.

[215] DANTAS, Isabella. **Pink Tax: caminhos para o enfrentamento da desigualdade de gênero**. 2023. 125 f. Dissertação (Programa Stricto Sensu em Direito) - Universidade Católica de Brasília, Brasília, 2023, p. 115.

14   MULHER E ESTÉTICA

Cada cultura e região tem sua própria definição do que é belo, o padrão de beleza estabelece os parâmetros e conjuntos de normas estéticas para que alguma característica seja qualificada ou desqualificada em uma pessoa. Sendo produto de uma construção social influenciado pelo meio, o padrão de beleza não é universal ou imutável, mas se modifica conforme a época, o contexto histórico e o espaço geográfico.

A imposição de um padrão de beleza coloca em risco a saúde física dos indivíduos, como, por exemplo, os decorrentes de intervenções cirúrgicas desnecessárias e uso de esteroides anabolizantes, e a saúde mental, ocasionando em problemas psicológicos ligados a aparência, a baixa autoestima, desenvolvimento de transtornos alimentares e dismorfia corporal.[216]

> As perspectivas estéticas sofreram diversas alterações, sobretudo no século XX. Através da utilização do corpo feminino junto ao capitalismo, como um produto, utilizando mídias digitais e impressas para a transmissão do padrão ideal para o corpo feminino, o que produz diversas respostas femininas e gera impactos em sua saúde mental, as quais iniciam um processo de comparação com outras mulheres quando o padrão difere severamente da realidade, como os padrões de magreza exacerbada e corpos proporcionais. Alcançar tal padrão de beleza é utópico e isto produz situações de agravo mental e físico, que se inicia na infância, se estendendo à adolescência, vida adulta e terceira idade.[217]

No processo de socialização o indivíduo passa por várias influências sociais, sobretudo no que se refere ao comportamento, personalidade, gostos e escolhas. Por si só a sociedade apresenta

---

[216] BALDISSERA, Olivia. **Como os padrões de beleza afetam a sociedade**. Pós PUCPR Digital, 23 de setembro de 2022. Disponível em: https://posdigital.pucpr.br/blog/padroes-beleza. Acesso em: 01 abr. 2024.

[217] MELO, Lara Santos Mendes de; SANTOS, Nádia Macedo Lopes. Padrões De Beleza Impostos Às Mulheres. **Revista Científica Eletrônica De Ciências Aplicadas Da Fait**, N 1, maio, 2019, p. 1. Disponível em: http://fait.revista.inf.br/site/e/enfermagem-12-edicao-maio-de-2019.html. Acesso em: 08 jul. 2023.

mecanismos que moldam os sujeitos e fazem com que se reconheçam enquanto homens e mulheres, nesse seguimento os estereótipos de gênero têm como propósito a padronização social.

> Para além de influenciar no comportamento dos sujeitos, as relações sociais e interpessoais também condicionam o modo de vida e identidade social em que gênero não constitui uma mera conceituação, mas define o sentido de feminino e masculino mediante as estruturas sociais.[218]

"A sociedade atual é dominada por estereótipos de gêneros, produtora de um padrão masculino e feminino rígido, o qual estabelece corpos e comportamentos específicos para cada um desses".[219]

A pressão estética reverbera mais sobre as mulheres, que são afetadas em todos os segmentos da sua vida, seja pessoal, ou profissional. Para fins de atendimento dos padrões estéticos, além de cuidados com alimentação, e exercícios físicos, tem-se os gastos com produtos de beleza, exigidos inclusive no âmbito profissional, o que pode se denominar de qualificação de beleza profissional.

> Outro gasto é a chamada "qualificação de beleza profissional". Profissões e cargos que demandam grande visibilidade acabam exigindo uma qualificação física para mulheres.
> Numa lista bem básica há serviços de beleza como físico atlético, dieta balanceada, semblante jovem e descansado, cabelo hidratado e tingido, depilação, unhas feitas.
> Adicionemos a lista itens como roupas, sapatos e bolsas. E, por último, algo que vem crescendo ano após ano: a indústria do bem-estar, com seus produtos para a pele, massagens, cursos

---

[218] DUARTE, Giovana; SPINELLI, Letícia Machado. **Estereótipos de gênero e divisão sexual no trabalho**: Uma reflexão sobre a realidade do trabalho feminino. Compartilhando Saberes, 2019, p.2. Disponível em: https://www.ufsm.br/app/uploads/sites/342/2019/05/Giovana-Duarte-Estereotipos-de-Genero-e-Divisao-sexual-do-trabalho-1.pdf. Acesso em: 1 abr. 2024.

[219] BARBOSA, Bruno Rafael Silva Nogueira; SILVA, Laionel Vieira da A mídia como instrumento modelador de corpos: um estudo sobre gênero, padrões de beleza e hábitos alimentares **Razón y Palabra**, vol. 20, núm. 94, septiembre-diciembre, 2016, pp. 672-687 Universidad de los Hemisferios Quito, Ecuador. Disponível em: https://www.redalyc.org/pdf/1995/199547464041.pdf. Acesso em: 08 jul. 2023.

pagos de meditação, etc. Homens, quando muito, frequentam academias ou algum esporte.
Além do gasto em dinheiro nessas atividades há o gasto de tempo e energia para executá-las. Afinal três horas em que uma executiva fica sentada na cadeira do cabeleireiro poderia reverberar em outra atividade ligada ao lazer ou ao trabalho.[220]

Então desde logo identifica-se que a existência desse padrão estético imposto é economicamente nociva as mulheres, que tem rendimentos inferiores aos dos homens, e são inclusive submetidas às Pink Tax, ou seja, sobrepreço de certos produtos destinados às mulheres.

Assim, faz-se imperioso que haja uma conscientização acerca desses padrões estéticos impostos às mulheres, a fim de proteger a sobretudo a saúde mental e física, inclusive evitando que mulheres se submetam a procedimentos que possam causar danos a sua saúde.

---

[220] FADDUL, Juliana. 'Pink tax': As mulheres gastam mais do que os homens ou apenas pagam mais caro?. **BBC.** 2020. Disponível em: https://www.cnnbrasil.com.br/economia/pink-tax-as-mulheres-gastam-mais-do-que-os-homens-ou-apenas-pagam-mais-caro/. Acesso em: 08 jul. 2023.

REFERÊNCIAS

ABORTO é um dos principais causadores de mortes maternas no Brasil. **Câmara dos Deputados.** 2014. Disponível em: https://www.camara.leg.br/tv/445740-aborto-e-um-dos-principais-causadores-de-mortes-maternas-no-brasil/. Acesso em: 06 jul. 2023.

AGÊNCIA SENADO. Entra em vigor lei que dispensa aval do cônjuge em procedimentos de esterilização. **Agência Senado.** 2023. Disponível em: https://www12.senado.leg.br/noticias/materias/2023/03/03/entra-em-vigor-lei-que-dispensa-aval-do-conjuge-em-procedimentos-de-esterilizacao#:~:text=A%20Lei%2014.443%2C%20de%202022,dias%20para%20passar%20a%20valer. Acesso em: 07 jul. 2023.

ALECRIM, Gisele Machado; SILVA, Eduardo Pordeus; ARAÚJO; Jailton Macena de. **Autonomia da mulher sobre o seu corpo e a intervenção estatal.** Periódico do Núcleo de Estudos e Pesquisas sobre Gênero e Direito. Centro de Ciências Jurídicas -Universidade Federal da Paraíba Nº 02, p. 158-175, 2º Semestre de 2014. Disponível em: https://periodicos.ufpb.br/index.php/ged/ article/view/20428 /11799. Acesso em: 05 abr. 2024.

ALMEIDA, Liana Fernandes de. Evolução histórica dos direitos da Mulher e a Licença – Maternidade. **Revista OAB/RJ.** Disponível em: https://revistaeletronica.oabrj.org.br/?artigo=evolucao-historica-dos-direitos-da-mulher-e-a-licenca-maternidade. Acesso em: 16 jun. 2023.

ALVES, Yanne Katt Teles Rodrigues. **Revista de Estudos Eleitorais.** Recife, V.2, Número 3, p.102-103, jul.2018. Disponível em: https://bibliotecadigital.tse.jus.br/xmlui/bitstream/handle/bdtse/5365/2018_alves_debatendo_representatividade_panorama.pdf?sequence=1&isAllowed=y. Acesso em: 28 jun. 2023.

ASSOCIAÇÃO DOS NOTÁRIOS E REGISTRADORES DO BRASIL. Cresce o número de mulheres titulares de terra da reforma agrária. **Associação dos Notários e Registradores do Brasil**. 2012. Disponível em: https://www.anoreg.org.br/site/cresce-o-numero-de-mulheres-titulares-de-terra-da-reforma-agraria/. Acesso em: 30 jun. 2023.

ÁVILA, Rosemari Pedrotti de; AUGUSTIN, Sérgio. Assédio sexual nas relações de trabalho: agressão a direitos fundamentais. **Rev. Disc. Jur,**

Campo Mourão, v.3, n.1, p. 102-113, jan./jul. 2007. Disponível em: http://www.dhnet.org.br/direitos/novosdireitos/ assediosexual/pedroti_assedio_sexual_agressao_direitos.pdf.   Acesso em: 30 jun. 2020.

BALDISSERA, Olivia. **Como os padrões de beleza afetam a sociedade**. Pós PUCPR Digital, 23 de setembro de 2022. Disponível em: https://posdigital.pucpr.br/blog/padroes-beleza. Acesso em: 01 abr. 2024.

BARBOSA, Bruno Rafael Silva Nogueira; SILVA, Laionel Vieira da A mídia como instrumento modelador de corpos: um estudo sobre gênero, padrões de beleza e hábitos alimentares **Razón y Palabra**, vol. 20, núm. 94, septiembre-diciembre, 2016, pp. 672-687 Universidad de los Hemisferios Quito, Ecuador. Disponível em: https://www.redalyc.org/pdf/1995/199547464041.pdf. Acesso em: 08 jul. 2023.

BARBOSA, Mafalda Miranda. Os limites à autodeterminação corporal. **Revista Brasileira de Direito Civil** – RBDCivil, Belo Horizonte, v. 31, n. 2, p. 151-182, abr./jun. 2022. Disponível em: https://rbdcivil.ibdcivil.org.br/rbdc/article/view/868/539. Acesso em: 05 abr. 2024.

BARBOSA, Rui. **Oração aos moços**. 5º ed. Rio de Janeiro: Fundação Casa de Rui Barbosa, 1997. Disponível em: http://www.casaruibarbosa.gov.br/dados/DOC/artigos/rui _barbosa/FCRBRuiBarbosa _Oracao_aos_mocos.pdf. Acesso em: 05 abr. 2024.

BARROSO, Luís Roberto. Aqui, lá e em todo lugar: a dignidade humana no direito contemporâneo e no discurso transnacional. **Revista do Ministério Público.** Rio de Janeiro: MPRJ, n. 50, p. 95-147, out./ dez. 2013.   Disponível   em: https://www.mprj.mp.br/documents/20184/2592408/Luis_ Roberto_Barroso.pdf. Acesso em: 05 abr. 2024.

BARSTED, Leila Linhares; GARCEZ, Elizabeth. A Legislação Civil Sobre Família No Brasil. *In:* BARSTED, Leila Linhares, HERMANN, Jacqueline. **As mulheres e os direitos civis**. Traduzindo a legislação com a perspectiva de gênero. Rio de Janeiro, Cepia, n.3, 1999. Disponível em:

http://www.bibliotecadigital.abong.org.br/handle/11465/971.   Acesso em: 03 jul. 2023.

BELTRÃO, Kaizô Iwakami; ALVES, José Eustáquio Diniz. A reversão do hiato de gênero na educação brasileira no século XX. **Scielo.** 2009. Disponível   em: https://www.scielo.br/j/cp/a/8mqpbrrwhLsFpxH8yMWW9KQ/?lang=pt . Acesso em 26 jun. 2023.

BELTRÃO, Tatiana. Divórcio demorou a chegar no Brasil. **Agência Senado.**   2017.   Disponível   em: https://www12.senado.leg.br/noticias/especiais/arquivo-s/divorcio-demorou-a-chegar-no-brasil. Acesso em: 04 jul. 2023.

BITENCOURT, Cezar Roberto. **Tratado de direito penal**: parte especial: dos crimes contra a pessoa. 12. ed. São Paulo: Saraiva. 2012.

BOAS, Marcela do Carmo Vilas. O STF e o direito das mulheres a folgas quinzenais   aos   domingos. **Conjur.** 2022. Disponível em: https://www.conjur.com.br/2022-nov-24/marcela-vilas-boas-direito-mulheres-folgas-aos-domingos. Acesso em: 08 jul. 2023.

BONATTO, Cláudio; MORAES, Paulo Valério Dal Pai. **Questões Controvertidas no Código de Defesa do Consumidor:** principiologia, conceitos, contratos atuais. 5. Ed. Rev. Atual. E ampl. Porto Alegre: Livraria do Advogado, 2009 apud OLIVEIRA, Josinaldo Leal de. A funcionalidade   dos   princípios.   2013.   Disponível   em: https://josinaldoleal.jusbrasil.com.br/artigos/121943470/a-funcionalidade-dos-principios. Acesso em: 05 abr. 2024.

BONAVIDES, Paulo. **Teoria Constitucional da Democracia Participativa**. São Paulo: Malheiros, 2001.

BONNA, Alexandre Pereira; SOUZA, Luanna Tomaz; LEAL, Pastora do Socorro Teixeira. Reflexões sobre o dano moral em casos de violência doméstica cometida contra a mulher a partir do Recurso Especial Repetitivo n. 1.675.874/MS. **Revista IBERC**, Belo Horizonte, v. 1, n. 1, p.   1–28,   2019.   Disponível   em: https://revistaiberc.responsabilidadecivil.org/iberc/article/view/13. Acesso em: 29 jun. 2023.

BOTELHO, Julia. Vertentes do feminismo: conheça as principais ondas e correntes!. **Politize.** 2022. Disponível em: https://www.politize.com.br/feminismo/. Acesso em: 18 jun. 2023.

BRAGA, Leonora Priscilla Mollas. **Teorias do Crime**: Análises e Reflexões. JusBrasil, 2018. Disponível em: https://leonorapmb.jusbrasil.com.br/artigos/ 587665863/teorias-do-crime. Acesso em: 02 jul. 2022.

BRASIL. **Código Civil.** 2002. Disponível em: https://www.planalto.gov.br/ccivil_03/leis/2002/l10406compilada.htm. Acesso em: 30 jun. 2023.

BRASIL. **Código de Processo Penal.** 1941. Disponível em: https://www.planalto.gov.br/ccivil_03/decreto-lei/del3689.htm. Acesso em: 29 jun. 2023.

BRASIL. **Código Penal.** 1940. Disponível em: https://www.planalto.gov.br/ccivil_03/decreto-lei/del2848compilado.htm. Acesso em: 09 jul. 2023.

BRASIL. **Consolidação das Leis do Trabalho.** 1943. Disponível em: https://www.planalto.gov.br/ccivil_03/decreto-lei/del5452.htm. Acesso em: 17 jun. 2023.

BRASIL. **Constituição Federal.** 1988. Disponível em: https://www.planalto.gov.br/ccivil_03/constituicao/constituicao.htm. Acesso em: 17 jun. 2023.

BRASIL. **Lei 11.340.** 2006. Disponível em: https://www.planalto.gov.br/ccivil_03/_ato2004-2006/2006/lei/l11340.htm. Acesso em: 08 jun. 2023.

BRASIL. **Lei 13.104.** 2015. Disponível em: https://www.planalto.gov.br/ccivil_03/_ato2015-2018/2015/lei/l13104.htm. Acesso em: 09 jun. 2023.

BRASIL. **Lei nº 9.263**, de 12 de janeiro de 1996. 1996. Disponível em: https://www.planalto.gov.br/ccivil_03/leis/l9263.htm#:~:text=%C3%89 %20vedada%20a%20indu%C3%A7%C3%A3o%20ou,Art. Acesso em: 01 abr. 2024.

BRASIL. **Repetitivo discute se agravante prevista no Código Penal pode ser aplicada em conjunto com a Lei Maria da Penha**. STJ.JUS, 09/06/2023. Disponível em: https://www.stj.jus.br/sites/portalp/Paginas/Comunicacao/Noticias/2023/09062023-Rep etitivo-discute-se-agravante-prevista-no-Codigo-Penal-pode-ser-aplicada-em-conjunto-com-a-Lei-Maria-da-Penha.aspx. Acesso em: 02 abr.2024.

BRASIL. Superior Tribunal de Justiça. **Habeas Corpus N° 440.945**. 2018. Disponível em: https://processo.stj.jus.br/processo/revista/documento/mediado/?compo nente=ITA &sequencial=1718482&num_registro=201800595570&data=20180611 &formato=PDF. Acesso em: 09 jul. 2023.

BRASIL. Superior Tribunal de Justiça. **REsp 1.643.051/MS**, Rel. Ministro ROGERIO SCHIETTI CRUZ, TERCEIRA SEÇÃO. 2018.

BRASIL. Superior Tribunal de Justiça. **Tema 983.** Disponível em: https://processo.stj.jus.br/repetitivos/temas_repetitivos/pesquisa.jsp?nov aConsulta=true&tipo_pesquisa=T&cod_tema_inicial=983&cod_tema_f inal=983. Acesso em: 29 jun. 2023.

BRASIL. Supremo Tribunal Federal. **Arguição de Descumprimento de Preceito Fundamental n° 54.** ADPF 54, Relator(a): Marco Aurélio, Tribunal Pleno, julgado em 12/04/2012, Acórdão Eletrônico DJe-080 Divulg 29-04-2013 Public 30-04-2013 RTJ Vol-00226-01 PP-00011. 2012c. Disponível em: https://sbdp.org.br/wp/wpcontent /uploads/2018/03/ADPF54Ementaac%C3%B3rd%C3% A3o- extrato-da-ata-e-relat%C3%B3rio.pdf. Acesso em: 28 ago. 2022.

BRASIL. Supremo Tribunal Federal. **Arguição de Descumprimento de Preceito Fundamental n° 54.** Relator: Ministro Marco Aurélio. Distrito Federal, 12 de abril de 2012. 2012b. Disponível em: https://www.migalhas.com.br/arquivos/2015 /6/art20150603-07.pdf. Acesso em: 02 jul. 2023.

BRASIL. Supremo Tribunal Federal. **ADPF 54 é julgada procedente pelo ministro Gilmar Mendes**. JusBrasil, 2012a. Disponível em: https://stf.jusbrasil.com.br/noticias /3085273/adpf-54-e-julgada-procedente-pelo-ministro-gilmar-mendes. Acesso em: 02 jul. 2023.

BRASIL. Supremo Tribunal Federal. **Partido questiona no STF artigos do Código Penal que criminalizam aborto.** 2017. Disponível em: https://portal.stf.jus.br/noticias/verNoticiaDetalhe.asp?idCo nteudo=337860&ori=1#:~:text=O%20Partido%20Socialismo%20e%20 Liberdade,Penal%20pela%20Constitui%C3%A7%C3%A3o%20da%20 Rep%C3%BAblica. Acesso em: 30 mar. 2024.

BRASIL. Supremo Tribunal Federal. **Tema 497**. Disponível em: https://portal.stf.jus.br/noticias/verNoticiaDetalhe.asp?idConteudo=504 086&ori=1#:~:text=Até%20que%20essa%20lei%20seja,como%20term o%20inicial%20a%20gravidez. Acesso em: 17 jun. 2023.

BRASIL. **Tema 1.215 - Repetitivo vai definir se aplicação de agravante genérica e majorante específica em crime sexual é bis in idem.** Portal do conhecimento. TJRJ.JUS. Disponível em: https://www.tjrj.jus.br/web/portalconhecimento/noticias/ noticia/- /visualizar-conteudo/5736540/3166957 51. Acesso em: 02 abr. 2024.

BRASIL. Tribunal Superior do Trabalho. **IAC-5639-31.2013.5.12.0051**. Disponível em: https://jurisprudencia- backend.tst.jus.br/rest/documentos/ae82bb6e161e73b7cdef708dfc6d9bd 7. Acesso em: 17 jun. 2023.

BRASIL. Tribunal Superior do Trabalho. **Súmula 244**. Disponível em: https://www3.tst.jus.br/jurisprudencia/Sumulas_com_indice/Sumulas_I nd_201_250.html. Acesso em: 17 jun. 2023.

BRASIL. Tribunal Superior Eleitoral. **Mulheres e política: decisões do TSE combatem fraude à cota de gênero.** 2023. Disponível em: https://www.tse.jus.br/comunicacao/noticias/2023/Marco/mulheres-e- politica-decisoes-do-tse-combatem-fraude-a-cota-de-genero. Acesso em: 22 jun. 2023.

BRAUN, Julia. Como 1ª Guerra Mundial impulsionou direitos das mulheres. **BBC**. 2022. Disponível em: https://www.bbc.com/portuguese/geral-60659505. Acesso em: 16 jun. 2023.

C. Ivone M; SOUZA, Coelho de; DIAS Maria Berenice. Mulher e família, uma relação de causa e consequência. **IBDFAM**. 2021. Disponível em:

https://ibdfam.org.br/artigos/25/Mulher+e+família,+uma+relação+de+c ausa+e+conseqüência. Acesso em: 28 jun. 2023.

CABETTE, Eduardo Luiz Santos. **Lesão corporal por misoginia ou violência doméstica contra a mulher.** Editora JusPodivm, 2022. Disponível em: https://meusitejuridico.editorajuspodivm. com.br/20 22/04/25/ lesao-corporal-por-misoginia-ou-violencia-domestica-contra-a-mulher/. Acesso em: 13 jan. 2024.

CAMARGO, Karina Arce de Almeida Camargo. **Dignidade da Pessoa Humana na Constituição Federal de 1988**. Jusbrasil, 2016. Disponível em: https://www.jusbrasil.com.br/artigos/dignidade-da-pessoa-humana-na-constituicao-federal-de-1988/315805239. Acesso em: 04 abr. 2024.

CASAS, Fernanda Las. A fixação da divisão do pagamento de pensão alimentícia em uma análise de Igualdade de Gênero. **Magis** – Portal Jurídico. 2023. Disponível em: https://magis.agej.com.br/a-fixacao-da-divisao-do-pagamento-de-pensao-alimenticia-em-uma-analise-de-igualdade-de-genero/. Acesso em: 07 jul. 2023.

CERULLO, Juliana. Descomplicando a licença e o salário maternidade. **Migalhas.** 2023. Disponível em: https://www.migalhas.com.br/depeso/389270/descomplicando-a-licenca-e-o-salario-maternidade. Acesso em: 08 jul. 2023.

CIARDO, Fernanda. **Do Aborto** - Artigo 124 a 128 do Código Penal. JusBrasil, 2015. Disponível em: https://ferciardo.jusbrasil.com.br/artigos/177420435/do-aborto-artigo-124-a-128-do-codigo-penal. Acesso em: 02 jul. 2023.

COLLING, Ana Maria. Violência Contra As Mulheres – Herança Cruel Do Patriarcado. **Revista Diversidade e Educação.** v. 8, n. Especial, p. 171-194, 2020. Disponível em: https://periodicos.furg.br/divedu/article/view/10944. Acesso em: 08 jun. 2023.

COSTA, Alcione; ROSADO, Lilian; FLORÊNCIO, Alexandre; XAVIER, Edleide. História Do Planejamento Familiar E Sua Relação Com Os Métodos Contraceptivos. **Revista Baiana de Saúde Pública**. v. 37 n. 1, 2013. Disponível em: https://rbsp.sesab.ba.gov.br/index.php/rbsp/article/view/173. Acesso em: 07 jul. 2023.

COSTA, Maria Aracy Menezes da. Pensão alimentícia entre cônjuges e o conceito de necessidade. **IBDFAM.** 2002. Disponível em: https://ibdfam.org.br/artigos/74/novosite. Acesso em: 05 jul. 2023.
CUNHA, Leandro Barbosa da. O novo casamento contraído pela viúva e suas implicações ao direito real de habitação: entre a liberdade para amar e o eterno luto ao falecido.

IBERC. 2022. Disponível em: https://ibdfam.org.br/artigos/1788/O+novo+casamento+contraído+pela +viúva+e+suas+implicações+ao+direito+real+de+habitação%3A+entre +a+liberdade+para+amar+e+o+eterno+luto+ao+falecido. Acesso em: 30 jun. 2023.

CUNHA, Rogério Sanches. **Manual de direito penal**: parte especial (arts. 121 ao 361). 1° ed. Salvador: JusPODIVM. 2018.

DANTAS, Isabella. **Pink Tax: caminhos para o enfrentamento da desigualdade de gênero**. 2023. 125 f. Dissertação (Programa Stricto Sensu em Direito) - Universidade Católica de Brasília, Brasília, 2023

DAVIS, Angela. **Mulheres, raça e classe**. 1. ed. São Paulo: Boitempo, 2016. Disponível em: https://pt.br1lib.org/book/2924810/27bd7c. Acesso em: 28 ago. 2022.

DE ANDRADE, André Gustavo Corrêa. O Princípio Fundamental da Dignidade Humana e sua Concretização Judicial. **Revista da EMERJ,** v. 6, n. 23, p. 316-335, 2003. Disponível em: https://www.emerj.tjrj.jus.br/revistaemerj_online/edicoes/revista 23/revista23316.pdf. Acesso em: 04 abr. 2024.

DEFENSORIA PÚBLICA DO DISTRITO FEDERAL. Cartilha: **Direitos Sexuais e Direitos Reprodutivos das Mulheres.** Distrito Federal, 2022. Disponível em: https://www.saude.df.gov.br/documents/37101/80238/Informacao_6575 8505_Cartilha_Direito_Sexuais_e_Reprodutivos_das_Mulheres-1.pd f /96bae822-cd6b-c559-9b46-eddcc4cbcba6?t=16485197 95990. Acesso em: 16 jul. 2022.

DIAS, Maria Berenice. O papel da mulher na família. **Maria Berenice Dias**. 2021. Disponível em: https://berenicedias.com.br/o-papel-da-mulher-na-familia/. Acesso em: 03 jul. 2023.

DINIZ, Debora; MEDEIROS, Marcelo; MADEIRO, Alberto. **Pesquisa Nacional de Aborto 2016**. Ciência e Saúde Coletiva, 22 (2), fevereiro de 2017. Disponível em: https://doi.org/10.1590/1413-81232017222.23812016. Acesso em: 02 abr. 2024.

DUARTE, Giovana; SPINELLI, Letícia Machado. **Estereótipos de gênero e divisão sexual no trabalho**: Uma reflexão sobre a realidade do trabalho feminino. Compartilhando Saberes, 2019. Disponível em: https://www.ufsm.br/app/uploads /sites/342/2019/05/Giovana-Duarte-Estereotipos-de-Genero-e-Divisao-sexual-do-trabalho-1.pdf. Acesso em: 1 abr. 2024.

DW. **Milhões de mulheres não têm autonomia sobre o próprio corpo**. 14 de abril de 2021. Disponível em: https://www.dw.com/pt-br/milh%C3%B5es-de-mulheres-n%C3%A3o-t%C3%AAm-autonomia-sobre-o-pr%C3%B3prio-corpo-diz-elat%C3%B 3rio/a-57201552#:~:text=Em%20determinadas%20reg i%C3%B5es%2C%20metade% 20da,contra%20mulheres%20cresceu%20durante%20pandemia. Acesso em: 05 abr. 2024.

FACHINI, Tiago. **Isonomia: o que é, importância e quais são seus limites**. ProJuris, 20/06/2023. Disponível em: https://www.projuris.com.br/blog/principio-da-dignidade-humana/. Acesso em: 05 abr. 2024.

FACHINI, Tiago. **Princípio da dignidade humana: como surgiu e importância.** ProJuris, 27/10/2023, on-line. Disponível em: https://www.projuris.com.br/blog /principio-da-dignidade-humana/. Acesso em: 04 abr. 2024.

FADDUL, Juliana. 'Pink tax': As mulheres gastam mais do que os homens ou apenas pagam mais caro?. **BBC.** 2020. Disponível em: https://www.cnnbrasil.com.br/economia/pink-tax-as-mulheres-gastam-mais-do-que-os-homens-ou-apenas-pagam-mais-caro/. Acesso em: 08 jul. 2023.

FIGUEIREDO, Priscila Silva de; MARTINS, Valéria Soares O Feminismo Interseccional na articulação do saber acadêmico e da ação política: reflexões a partir da experiência de um coletivo feminista. **ODEERE**, *[S. l.]*, v. 5, n. 10, p. 334-344, 2020. DOI:

10.22481/odeere.v5i10.6780. Disponível em: https://periodicos2.uesb.br/index.php/odeere/article/view/6780. Acesso em: 28 jun. 2023.

FINDLAY, Eleide Abril Gordon. O direito sucessório luso-brasileiro e o acesso da mulher a propriedade. **30º Simpósio Nacional de História (SNH).** 2019. Disponível em: https://www.snh2019.anpuh.org/resources/anais/8/1564603751_ARQU IVO_ODIREITOSUCESSORIOLUSO-BRASILEIRO.pdf. Acesso em: 30 jun. 2023.

FOZ, Marcela Gonçalves. Breves apontamentos históricos sobre o direito sucessório do cônjuge e do companheiro. **Migalhas.** 2014. Disponível em: https://www.migalhas.com.br/depeso/201513/breves-apontamentos-historicos-sobre-o-direito-sucessorio-do-conjuge-e-do-companheiro. Acesso em: 03 jul. 2023.

FREITAS, Riva Sobrado de; MEZZAROBA, Orides; ZILIO, Daniela. A autonomia decisória e o direito à autodeterminação corporal em decisões pessoais: Uma necessária discussão. **Revista de Direito Brasileira**, Florianópolis, SC, v. 24, n. 9, p. 168-182, Set./Dez. 2019. Disponível em: https://www.indexlaw.org /index.php/rdb/article/dow nload/5706/4782. Acesso em: 05 abr. 2024.

FUJITA, Gabriela. Guerra destruiu figura do "homem herói" e consagrou mulher no trabalho. **UOU.** 2015. Disponível em: https://noticias.uol.com.br/internacional/ultimas-noticias/2015/05/08/guerra-destruiu-figura-do-homem-heroi-e-consagrou-mulher-no-trabalho.htm. Acesso em: 16 jun. 2023.

GOIAS. Tribunal de Justiça de Goiás. **REsp 1.467.888-GO**. Rel. Ministra Nancy Andrighi, Terceira Turma, julgado em 20/10/2016, DJe 25/10/2016. 2016. Disponível em: https://www.jusbrasil.com.br/jurisprudencia/stj/862810192/inteiro-teor862810202. Acesso em: 28 ago. 2022.

GONÇALVES, Tamara Amoroso, Coord.; LAPA, Thaís de Souza. **Aborto e religião nos tribunais brasileiros**. São Paulo: Instituto para a Promoção da Equidade, 2008. Disponível em: http://www.clam.org.br/publique/media/DocumentoAborto_religiao .pdf. Acesso em: 13 jul. 2023.

GOZZI, Camila Monanzi. Princípio do livre planejamento familiar como direito fundamental. **IBDFAM.** 2019. Disponível em: https://ibdfam.org.br/artigos/1349/Princípio+do+livre+planejamento+familiar+como+direito+fundamental. Acesso em: 06 jul. 2023.

GUARDIA, Augusto Bazanelli Medina. **Princípios do Direito Individual do Trabalho**. 2016. Disponível em: https://jus.com.br/artigos/46953/principios-do-direito-individual-do-trabalho#:~:text=Os%20princ%C3%ADpios%20apresentam%20tr%C3%ADplic e%20fun%C3%A7%C3%A3o,para%20a%20interpreta%C3%A7%C3%A3o%20das%20normas. Acesso em: 01 ago. 2020.

HUNGRIA, Nelson. **Comentários ao Código Penal**: Volume V, Artigos 121 a 136. 5° Ed. Rio de Janeiro: Forense. 2019.

INEE. **Bem-estar social.** Rede Interinstitucional para Educação em Situações de Emergência. Disponível em: https://inee.org/pt/eie-glossary/bem-estar-social. Acesso em: 05 abr. 2024.

JURISPRUDÊNCIA fortalece mecanismos legais de proteção à mulher. **Superior Tribunal de Justiça.** 2019. Disponível em: https://www.stj.jus.br/sites/portalp/Paginas/Comunicacao/Noticias/Jurisprudencia-fortalece-mecanismos-legais-de-protecao-a-mulher.aspx. Acesso em: 09 jul. 2023.

JUSBRASIL. **Princípio da Dignidade da Pessoa Humana**. Jusbrasil, 2021. Disponível em: https://www.jusbrasil.com.br/artigos/principio-da-dignidade-da-pessoahumana/ 1150190277. Acesso em: 04 abr. 2024.

KANT, Immanuel. **Fundamentação da metafísica dos costumes**. Edições 70, setembro de 2007. Disponível em: https://edisciplinas.usp.br/pluginfile.php/7828872/mod_resource/content/1/Fundamenta%C3%A7%C3%A3o%20da%20Metaf%C3%ADsica%20dos%20Costumes%20-%20Immanuel%20Kant.pdf. Acesso em: 04 abr. 2024.

KEID, Fernando Borges. **Até que ponto, no Brasil, é permitido o exercício da autonomia sobre o próprio corpo?** Migalhas, 07 de setembro de 2021. Disponível em: https://www.migalhas.com.br /depeso /356153 /ate-que-ponto-e-permitido-o-exercicio-da-autonomia-no-proprio-corpo. Acesso em: 05 abr. 2024.

KOSHIYAMA, Alice Mitika. A Imposição da Maternidade para as Mulheres na História e nos Meio de Comunicação. **Seminário Internacional Fazendo Gênero 11 & 13th Women's Worlds Congress (Anais Eletrônicos)**. Florianópolis. p. 1-10. 2017. Disponível em: http://www.en.wwc2017.eventos.dype.com.br/resources/anais/149 9549438_ARQUIVO_17_13WW_11fazgen_Textocompleto_ComnSim posio_A.MKOSHIYAMA.doc1.pdf. Acesso em: 16 jul. 2022.

LARKIN, Claire. O que significa "feminismo"?, **Babbel.** 2022. Disponível em: https://pt.babbel.com/pt/magazine/feminismo#:~:text=Suas%20origens %20estão%20em%20dois,prática%2C%20sistema%20ou%20doutrina). Acesso em: 08 jun. 2023.

LEÃO, Yasmin Dias. **A dignidade da pessoa humana em face da violência contra a mulher**. Jusbrasil, 2022. Disponível em: https://www.jusbrasil.com.br/artigos/a-dignidade-da-pessoa-humana-em-face-da-violencia-contra-a-mulher/1346146153. Acesso em: 04 abr. 2024.

LEITÃO, Fernanda de Freitas. O que você sempre quis saber sobre a união estável. **Migalhas**. 2022. Disponível em: https://www.migalhas.com.br/depeso/371414/o-que-voce-sempre-quis-saber-sobre-a-uniao-estavel. Acesso em: 05 jul. 2023.

LEITE, Gisele. **Conteúdo Mínimo da dignidade humana**. Jornal Jurid, 2022 Disponível em: https://www.jornaljurid.com.br/colunas/gisele-leite/conteudo-minimo-da-dignidade-humana-2022-05-20. Acesso em: 05 abr. 2024.

LEITE, Luciana Simon de Paula. Violência política contra a mulher: o que é? **Magis** – Portal Jurídico. 2022. Disponível em: https://magis.agej.com.br/violencia-politica-contra-a-mulher-o-que-e/. Acesso em: 08 jun. 2023.

LERNER, Gerda. **A criação do patriarcado**: História da opressão das mulheres pelos homens. São Paulo: Cultrix, 2019.

LIMA, Paola; PORTELA, Raissa. Mulheres na política: ações buscam garantir maior participação feminina no poder. **Agência Senado.** 2022. Disponível em:

https://www12.senado.leg.br/noticias/infomaterias/2022/05/aliados-na-luta-por-mais-mulheres-na-politica. Acesso em: 22 jun. 2023.

LIRA, Kalline. Flávia. S.; DE BARROS, Ana. Maria. Violência contra as mulheres e o patriarcado: um estudo sobre o sertão de Pernambuco. **Revista Ágora**, *[S. l.]*, n. 22, p. 275–297, 2018. Disponível em: https://periodicos.ufes.br/agora/article/view/13622. Acesso em: 8 jun. 2023.

LUCCA, Lívia Maria; OLIVEIRA, Maria Clara de Neto Sales. Pink Tax no Brasil. **Virtuajus**, v. 6, n. 11, p. 236-246, 27 jan. 2022. Disponível em:
http://periodicos.pucminas.br/index.php/virtuajus/article/view/28010. Acesso em: 08 jul. 2023.

MAGENTA, Matheus. O que é ser feminista? **BBC.** 2022. Disponível em: https://www.bbc.com/portuguese/geral-62551293. Acesso em: 08 jun. 2023.

MAIOR, Leandro Thomaz da Silva Souto; COLY, Sarah Cecília Raulino. A proteção do trabalho da mulher. **Migalhas.** 2014. Disponível em: https://www.migalhas.com.br/depeso/198919/a-protecao-do-trabalho-da-mulher. Acesso em: 08 jul. 2023.

MANACORDA, M. A. **História da Educação: da Antiguidade aos nossos dias**. 12. ed. São Paulo: Cortez, 2006.

MARIMPIETRI, Flavia. Pink Tax e o direito das consumidoras. **Revista Debate Virtual**. n. 206. 2017. Disponível em: https://revistas.unifacs.br/index.php/redu/article/view/ 4971. Acesso em: 08 jul. 2023.

MARQUES, Teresa Cristina de Novaes. **O voto feminino no Brasil.** Brasília: Câmara dos Deputados, Edições Câmara, 2018, p. 1 – 149. Disponível em: https://bibliotecadigital.tse.jus.br/xmlui/bitstream/handle/bdtse/4798/20 18_marques_voto_feminino_brasil.pdf?sequence=1&isAllowed=y. Acesso em: 28 jun. 2023.

MARQUES, Teresa Cristina de Novaes. **O voto feminino no Brasil.** Brasília: Câmara dos Deputados, Edições Câmara, 2018. Disponível em: https://bibliotecadigital.tse.jus.br/xmlui/bitstream/handle/bdtse/4798/20

18_marques_voto_feminino_brasil.pdf?sequence=1&isAllowed=y. Acesso em: 28 jun. 2023.

MARTINS, Ana Paula Antunes O Sujeito "nas ondas" do Feminismo e o lugar do corpo na contemporaneidade. **Revista Café com Sociologia**, [S. l.], v. 4, n. 1, p. 231–245, 2015. Disponível em: https://revistacafecomsociologia.com/revista/index.php/revista/article/view/443. Acesso em: 17 jun. 2023.

MATIAS, Ana Flávia Alves; PERGENTINO, Érika de França. Mulheres na política: análise da efetividade das cotas de gênero como mecanismo de representatividade feminina. **Revista Jurídica Verba Legis**, nº XIV. 2021. Disponível em: https://apps.tre-go.jus.br/internet/verba-legis/2021/Artigos_Mulheres-na-politica.php. Acesso em: 22 jun. 2023.

MELO, Lara Santos Mendes de; SANTOS, Nádia Macedo Lopes. Padrões De Beleza Impostos Às Mulheres. **Revista Científica Eletrônica De Ciências Aplicadas Da Fait**, N 1, maio, 2019. Disponível em: http://fait.revista.inf.br/site/e/enfermagem-12-edicao-maio-de-2019.html. Acesso em: 08 jul. 2023.

MENDES, Soraia da Rosa. **(Re)pensando a criminologia**: Reflexões sobre um novo paradigma desde a epistemologia feminista. Tese de Doutorado. 2012. 284 f. Tese (Doutorado em Direito) – Universidade de Brasília. Brasília, 2012. Disponível em: https://repositorio.unb.br/bitstream/10482/11867/1/2012_SoraiadaRosa Mendes.pdf. Acesso em: 06 ago. 2022.

MORAES, Maria Celina Bodin de; CASTRO, Thamis Dalsenter Viveiros de. A autonomia existencial nos atos de disposição do próprio corpo. **Pensar-Revista de Ciências Jurídicas**, v. 19, n. 3, p. 779-818, 2015. Disponível em: https://periodicos .unifor.br/rpen/article/view/3433. Acesso em: 05 abr. 2024.

NÚCLEO DE TELESSAÚDE RIO GRANDE DO SUL. O que é planejamento familiar? Disponível em: https://aps-repo.bvs.br/aps/o-que-e-planejamento-familiar/#:~:text=Conforme%20a%20lei%20federal%209.263,pelo%20homem%20ou%20pelo%20casal. Acesso em: 06 jul. 2023.

PEREIRA, Sarah Batista Santos. **A autodeterminação das mulheres e os paradigmas sociais e jurídicos ligados a criminalização do aborto.**

Magis Portal Jurídico, 02 de dezembro de 2022. Disponível em: https://magis.agej.com.br/a-autodeterminacao-das-mulheres-e-os-paradigmas-sociais-e-juridicos-ligados-a-criminalizacao-do-aborto/. Acesso em: 02 abr. 2024.

PEREIRA, Sarah Batista Santos. A Violência de Gênero Como Forma de Violação aos Direitos Humanos. In: GUIMARAES, Clayton Douglas Pereira; GUIMARAES, Glayder Daywerth Pereira (Coord.). **Magis de Direito: debates jurídicos contemporâneos**. Seattle: Independently Published, 2023, p.41-58.

PEREIRA, Sarah Batista Santos. **Assédio Sexual no Ambiente de Trabalho**: Uma análise à luz dos direitos das mulheres. Seattle: Independently Published. 2022.

PEREIRA, Sarah Batista Santos. Conceitos-Chave Do Feminismo: Androcentrismo, Patriarcado, Sexismo e Gênero. **Magis** – Portal Jurídico. 2021. Disponível em: https://magis.agej.com.br/conceitos-chave-do-feminismo-androcentrismo-patriarcado-sexismo-e-genero/. Acesso em: 08 jun. 2023.

PEREIRA. Sarah Batista Santos. 15 anos da Lei nº 11.340/2006: quem foi Maria da Penha. **Magis** – Portal Jurídico. 2021. Disponível em: https://magis.agej.com.br/15-anos-da-lei-no-11-340-2006-quem-foi-maria-da-penha/. Acesso em: 09 jun. 2023.

PEREIRA. Sarah Batista Santos. O que é feminismo?. **Magis** – Portal Jurídico. 2021. Disponível em: https://magis.agej.com.br/o-que-e-o-feminismo/#fn-3117-3. Acesso em: 08 jun. 2023.

PEREIRA. Sarah Batista Santos. Violência obstétrica: um fenômeno vinculado à violação dos direitos elementares das mulheres. **Magis** – Portal Jurídico. 2022. Disponível em: https://magis.agej.com.br/violencia-obstetrica-um-fenomeno-vinculado-a-violacao-dos-direitos-elementares-das-mulheres/. Acesso em: 08 jun. 2023.

PINTO, Céli Regina Jardim. Feminismo, história e poder. **Revista de Sociologia e Política**. 18 (36). 2010. Disponível em: https://www.scielo.br/j/rsocp/a/GW9TMRsYgQNzxNjZNcSBf5r/?lang=pt. Acesso em: 08 jun. 2023.

PIOVESAN, Flávia. **Direitos humanos e o direito constitucional internacional**. São Paulo: Saraiva, 2013. Disponível em: http://professor.pucgoias.edu.br/Site Docente/admin/arquivosUpload/17973material/Fl%C3%A1via%20Piov esan%20DH%20 Direito%20Constitucional.pdf. Acesso em: 04 abr. 2024.

QUANTIDADE De Homens E Mulheres. **Educa IBGE.** Disponível em: https://educa.ibge.gov.br/jovens/conheca-o-brasil/populacao/18320-quantidade-de-homens-e-mulheres.html#:~:text=Segundo%20dados%20da%20PNAD%20Contín u,51%2C1%25%20de%20mulheres. Acesso em: 08 jul. 2023.

RAMOS, André de Carvalho. **Curso de direitos humanos**. São Paulo: Saraiva Educação, 2018.

ROSA, Emanuel Motta da. **O crime de aborto e o tratamento penal**. JusBrasil, 2014. Disponível em: https://emanuelmotta.jusbrasil.com.br/artigos/139263291/o-crime-de-aborto-e-o-tratamento-penal. Acesso em: 02 jul. 2023.

ROSA, Emanuel Motta. **Lesão corporal circunstanciada pela violência doméstica**. JusBrasil, 2015. Disponível em: https://www.jusbrasil.com.br/artigos/lesao-corporal-circunstanciada-pela-violencia-domestica/135520622. Acesso em: 13 jan. 2024.

SAE DIGITAL. **A história das mulheres na luta pelo acesso à educação.** Disponível em: https://sae.digital/historia-das-mulheres/#:~:text=Nessa%20mesma%20fase%2C%20outra%20conquis ta,para%20ingressar%20nos%20cursos%20normais. Acesso em: 27 jun. 2023.

SAINI, Angela. Os mitos sobre a origem do patriarcado. **BBC.** 2023. Disponível em: https://www.bbc.com/portuguese/articles/c97n175v0yzo?at_ptr_name=f acebook_page&at_medium=social&at_link_type=web_link&at_link_or igin=BBC_News_Brasil&at_link_id=86EBA16C-0175-11EE-A52C-6ECB7E934D9D&at_campaign_type=owned&at_bbc_team=editorial& at_campaign=Social_Flow&at_format=image. Acesso em: 06 jun. 2023.

SANTOS, Franciele Barbosa; ZUCOLOTE DE OLIVEIRA, Lillian; DE OLIVEIRA, Lourival José. Violação a autonomia corporal e reprodutiva da mulher no Brasil: necessidade de reforma da Lei n. 9.263/96. **Conhecimento & Diversidade** Niterói, v. 13, n. 31, p. 42–54. Set./Dez. 2021. Disponível em: https://revistas.unilasalle .edu.br/index.php/conhecimento_diversidade/article/download/8130/pdf . Acesso em: 11 jul. 2022.

SANTOS, Wallace Costa dos. O direito de receber e o dever de pagar alimentos no direito de família. **IBDFAM.** 2021. Disponível em: https://ibdfam.org.br/artigos/1674/O+direito+de+receber+e+o+dever+d e+pagar+alimentos+no+direito+de+família. Acesso em: 05 jul. 2023.

SENA, Michel Canuto de. Aspectos jurídicos da violência obstétrica. **Magis** – Portal Jurídico. 2022. Disponível em: https://magis.agej.com.br/aspectos-juridicos-da-violencia-obstetrica/. Acesso em: 08 jun. 2023.

SILVA, Elizabete Rodrigues da. Feminismo Radical – Pensamento E Movimento. **Revista Travessias**, Cascavel, v. 2, n. 3, p. 1 - 15, 2010. Disponível em: https://e-revista.unioeste.br/index.php/travessias/article/view/3107. Acesso em: 28 jun. 2023.

SILVA, Joasey Pollyanna Andrade da; CARMO, Valter Moura do; RAMOS, Giovana Benedita Jaber. As Quatro Ondas Do Feminismo: Lutas E Conquistas. **Revista de Direitos Humanos em Perspectiva.** v. 7, n. 1. p 101 – 122. jan./jul. 2021. Disponível em: https://indexlaw.org/index.php/direitoshumanos/article/view/7948. Acesso em: 15 jun. 2023.

SILVA, Ruan Lauriano da. **As hipóteses legais do aborto no Direito brasileiro.** JusBrasil, 2021. Disponível em: https://jus.com.br/artigos/90138/as-hipoteses-legais-do-aborto-no-direito-brasileiro. Acesso em: 02 jul. 2023.

SIQUEIRA, Carolina Bastos de; BUSSINGUER, Elda Coelho de Azevedo. As ondas do feminismo e seu impacto no mercado de trabalho da mulher, São Paulo. **Revista Thesis Juris** – RTJ, v. 9, n. 1, p. 145-166, jan./jun. 2020. Disponível em: http://repositorio.fdv.br:8080/handle/fdv/894. Acesso em: 17 jun. 2023.

SOARES, Bianca; CANHISARES, Mariana. Mulheres devem se aposentar mais cedo que os homens? **Estadão.** Disponível em:

https://infograficos.estadao.com.br/focas/planeje-sua-vida/mulheres-devem-se-aposentar-mais-cedo-que-os-homens#:~:text=As%20mulheres%20ganham%20menos%20do,Depende. Acesso em: 08 juj. 2023.

SOUZA, Cecília de Mello e; ADESSE, Leila. **Violência sexual no Brasil**: perspectivas e desafios. 2005. Brasília: Secretaria Especial de Políticas para as Mulheres, 2005. Disponível em: http://livros01.livrosgratis.com.br/br000029.pdf. Acesso em: 12 jul. 2020.

SUPREMO TRIBUNAL FEDERAL. **Associações pedem que STF garanta possibilidade de aborto nas hipóteses previstas em lei.** Portal STF, 2022. Disponível em: https://portal.stf.jus.br/noticias/erNoticiaDetalhe.asp?idConteudo=489865&ori=1. Acesso em: 28 ago. 2022.

TÁRTUCE, Flávio; OLIVEIRA, Carlos Eduardo Elias de. União estável versus casamento: Passado, presente e futuro - Reflexões após a Lei do Serp. **Migalhas.** 2023. Disponível em: https://www.migalhas.com.br/coluna/familia-e-sucessoes/388946/uniao-estavel-versus-casamento. Acesso em: 05 jul. 2023.

TAVARES JÚNIOR, Dionísio Paradelas; PRATES, Lucas Ribeiro Baptista. **Princípio da igualdade em perspectiva histórica.** SCIAS. Direitos Humanos e Educação, Belo Horizonte, v.2, n.2, p. 05-16, jul./dez. 2019. Disponível em: https://revista.uemg.br/index.php/sciasdireitoshumanoseducacao/article/download/4229/pdf/13951. Acesso em: 05 abr. 2024.

TAVARES, Manuela; MAGALHÃES, Marias José. Correntes do Feminismo e suas reconfigurações nos tempos atuais. **Repositório Universidade de Porto.** 2014, p. 100. Disponível em: https://repositorio-aberto.up.pt/bitstream/10216/78430/2/100327.pdf. Acesso em: 18 jun. 2023.

TORRES, Carolina. Quarta onda do feminismo: entenda as características do movimento feminista no século 21. **Politize.** 2021. Disponível em: https://www.politize.com.br/quarta-onda-do-feminismo/. Acesso em: 08 jun. 2023.

UNESCO. História do Dia Internacional da Mulher. **Unesco.** Disponível em: https://www.unesco.org/pt/days/women. Acesso em: 16 jun. 2023.

VIEIRA SEGUNDO, Luiz Carlos Furquim. **Aborto do feto anencéfalo**. IBDFam, 2009. Disponível em: https://ibdfam.org.br/artigos/500/O+Aborto+do+feto+anenc %C3%A 9falo. Acesso em: 02 jul. 2023.

VIEIRA, Tatiana Malta. **O direito à privacidade na sociedade da informação**: efetividade desse direito fundamental diante dos avanços da tecnologia da informação. 2007. 297 f. Dissertação (Mestrado em Direito) – Universidade de Brasília, Brasília, 2007, p. 156. Disponível em: https://bit.ly/3BMbhL3. Acesso em: 17 jun. 2023.

ZIRBEL, Ilze. Ondas do Feminismo. **Enciclopédia Mulheres na Filosofia.** Disponível em: https://www.blogs.unicamp.br/mulheresnafilosofia/ondas-do-feminismo/. Acesso em: 08 jun. 2023.

www.ingramcontent.com/pod-product-compliance
Lightning Source LLC
Chambersburg PA
CBHW051749250726
48659CB00001B/323